# 漢字《かんじ》マスターのシール

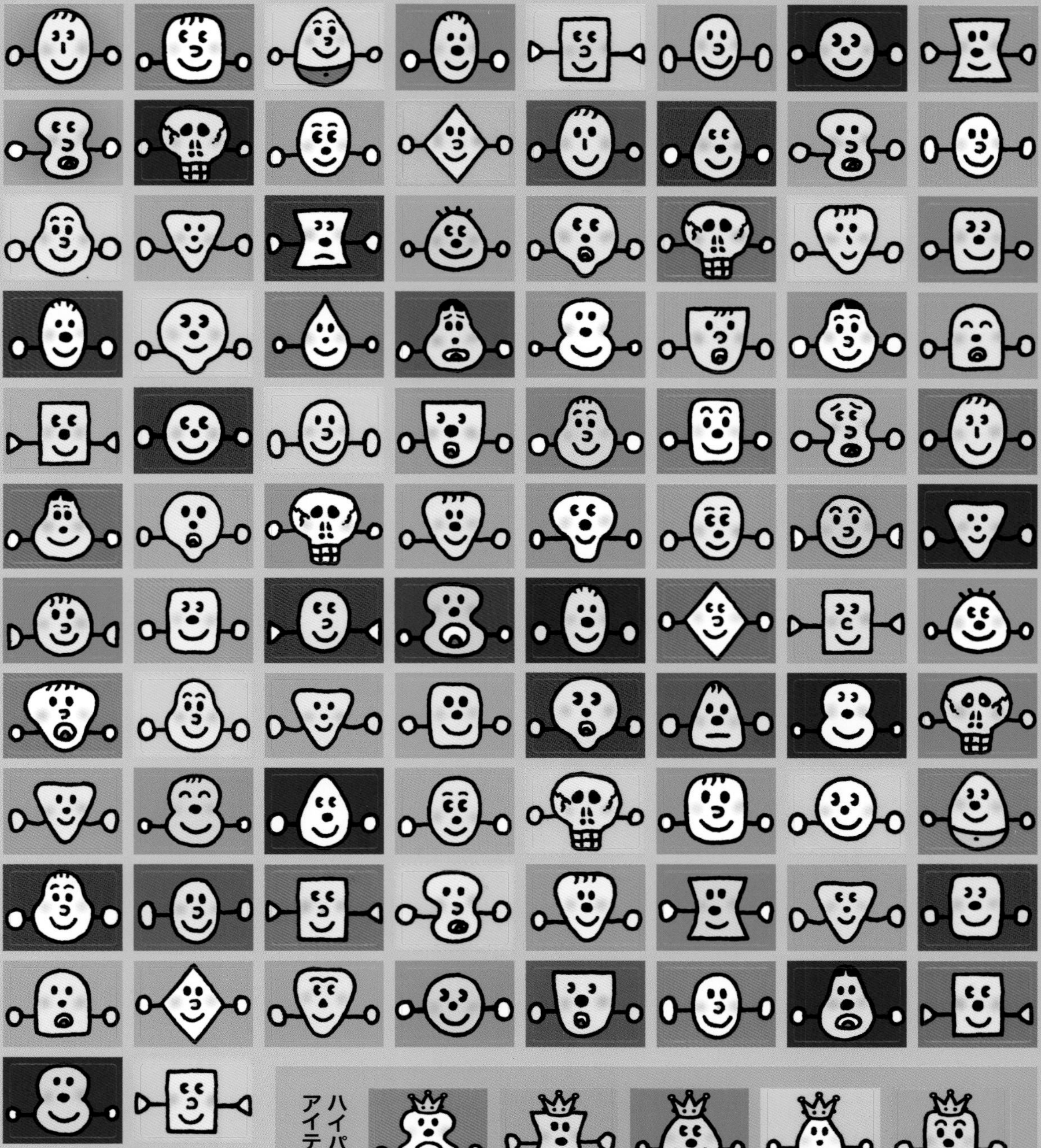

ハイパワーアイテムシール

ゴールシール

JN050853

# 3年《ねん》生《せい》達《たっ》成《せい》表《ひょう》
# 漢字《かんじ》マスターへの道《みち》

れんしゅうがおわった漢字のところにシールをはろう！
2つの漢字につき 1つのシールだよ。
さあ、ゴールをめざせ～！

| | | | | | | | | |
|---|---|---|---|---|---|---|---|---|
| 悪 安 | 暗 医 | 委 意 | 育 員 | 院 飲 | 運 泳 | 駅 央 | 横 屋 | 温 化 |
| → | → | → | → | ハイパワー → アイテム | → | → | → | ↓ |
| 球 去 | 級 宮 | 究 急 | 期 客 | 岸 起 | 漢 館 | 寒 感 | 開 階 | 荷 界 |
| ↓ | ← | ← | ← | ← | ← | ← | ← | ハイパワー ← アイテム |
| 橋 業 | 曲 局 | 銀 区 | 苦 具 | 君 係 | 軽 血 | 決 研 | 県 庫 | 湖 向 |
| → | ハイパワー → アイテム | → | → | → | → | → | → | ↓ |
| 式 実 | 事 持 | 詩 次 | 指 歯 | 使 始 | 仕 死 | 祭 皿 | 号 根 | 幸 港 |
| ↓ | ← | ← | ← | ← | ← | ハイパワー ← アイテム | ← | ← |
| 写 者 | 主 守 | 取 酒 | 受 州 | 拾 終 | 習 集 | 住 重 | 宿 所 | 暑 助 |
| → | → | → | ハイパワー → アイテム | → | → | → | → | ↓ |
| 全 相 | 整 昔 | 進 世 | 真 深 | 身 神 | 植 申 | 勝 乗 | 商 章 | 昭 消 |
| ↓ | ← | ← | ← | ハイパワー ← アイテム | ← | ← | ← | ← |
| 送 想 | 息 速 | 族 他 | 打 対 | 待 代 | 第 題 | 炭 短 | 談 着 | 注 柱 |
| → | → | → | → | → | ハイパワー → アイテム | → | → | ↓ |
| 等 動 | 湯 登 | 豆 島 | 度 投 | 転 都 | 笛 鉄 | 定 庭 | 調 追 | 丁 帳 |
| ↓ | ← | ハイパワー ← アイテム | ← | ← | ← | ← | ← | ← |
| 童 農 | 波 配 | 倍 箱 | 畑 発 | 反 坂 | 板 皮 | 悲 美 | 鼻 筆 | 氷 表 |
| → | → | → | → | → | → | → | ハイパワー → アイテム | ↓ |
| 役 薬 | 面 問 | 味 命 | 勉 放 | 平 返 | 福 物 | 部 服 | 品 負 | 秒 病 |
| ハイパワー ↓ アイテム | ← | ← | ← | ← | ← | ← | ← | ← |
| 由 油 | 有 遊 | 予 羊 | 洋 葉 | 陽 様 | 落 流 | 旅 両 | 緑 礼 | 列 練 |
| → | → | → | → | → | → | → | → | ↓ |
| | | | | | | | GOAL ゴール | 路 和 |
| | | | | | | | | ← |

# このドリルのとく長と使い方

このドリルは、「小学漢字《かんじ》一〇二六字の正しい書き方　四訂版《よんていばん》」であつかった三年生で学ぶ漢字を「正しく」書けるようになることを目てきとしています。

1ページを終《お》えたらたっせい表《ひょう》にシールをはろう！

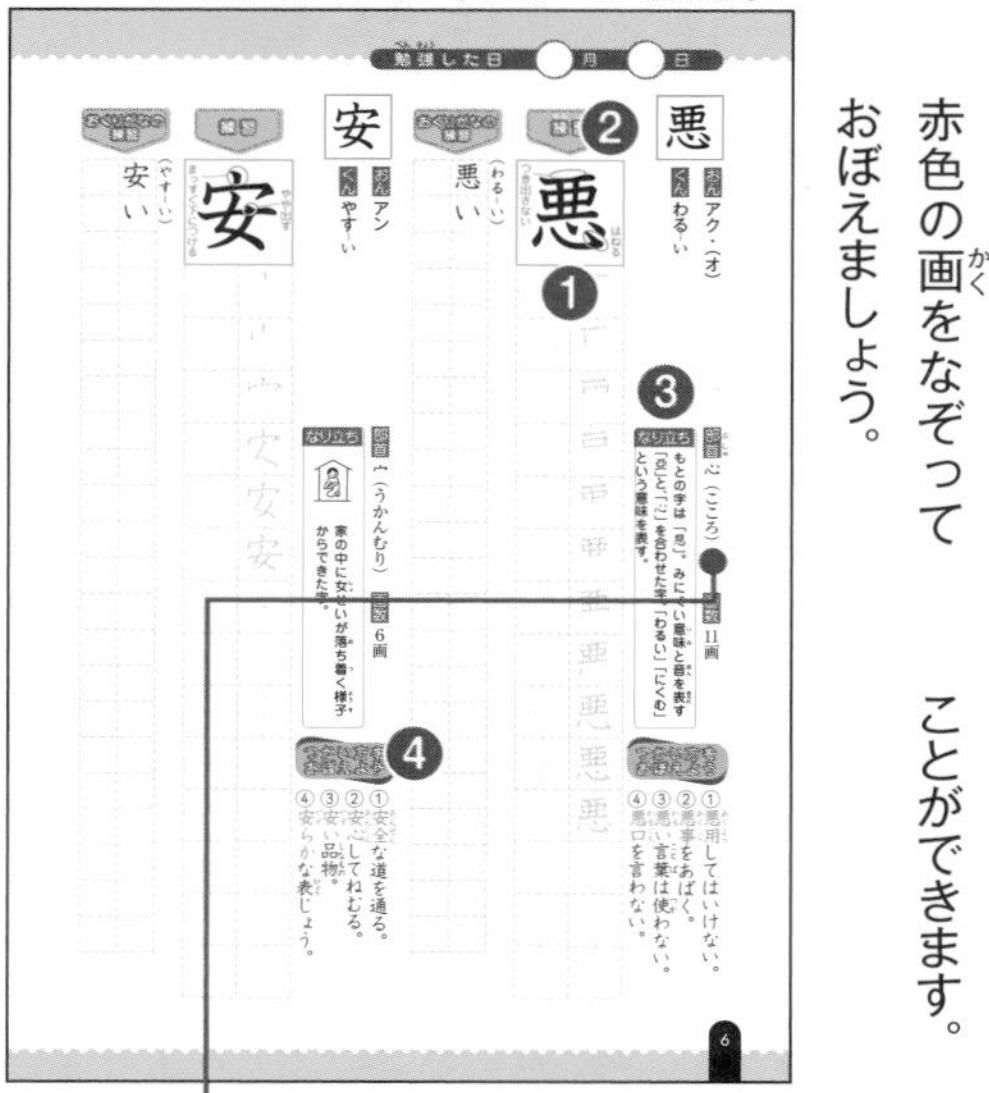

**①書きじゅんはしょうりゃくせず**にすべて書いてあるので、正しい書きじゅんで漢字を書けるようになります。赤色の画《かく》をなぞっておぼえましょう。

②教科書の字体を手本としたときの**書き方のポイント**が書いてあるので、正しい書き方を学ぶことができます。

③**なり立ち**や**意味《いみ》**がくわしくのっています。おうちの人といっしょに読みましょう。内ようは「旺文社漢字典《おうぶんしゃかんじてん》第三版《だいさんばん》」をさんこうにしています。

④**れい文**をのせることで、その**漢字の使い方**がわかるようになります。

（　）は中学校以上で習《なら》う読み、――はとくべつな読み、くん読みの「-」の下は送《おく》りがなです。部首《ぶしゅ》の分るいや名前は、じ書《しょ》によってことなることがあります。

小学漢字一〇二六字の正しい書き方　四訂版

いっしょに使おう！

## もくじ




編集／上原英　編集協力／有限会社マイプラン 湯川善之・藤江美香　校正／有限会社編集室ビーライン
装丁デザイン／株式会社ウエイド 木下春圭　装丁イラスト／松本麻希　シールイラスト／北田哲也　本文デザイン／ブラン・グラフ 大滝奈緒子　本文イラスト／南澤孝男

# 音《おん》くんさくいん

●この本にのっている漢字《かんじ》の読みかたを五十音じゅんにならべました。
●カタカナは音よみ、ひらがなはくん読みです。 ●「-」の下の字はおくりがなです。
●漢字の下の数字が、その漢字ののっているページです。

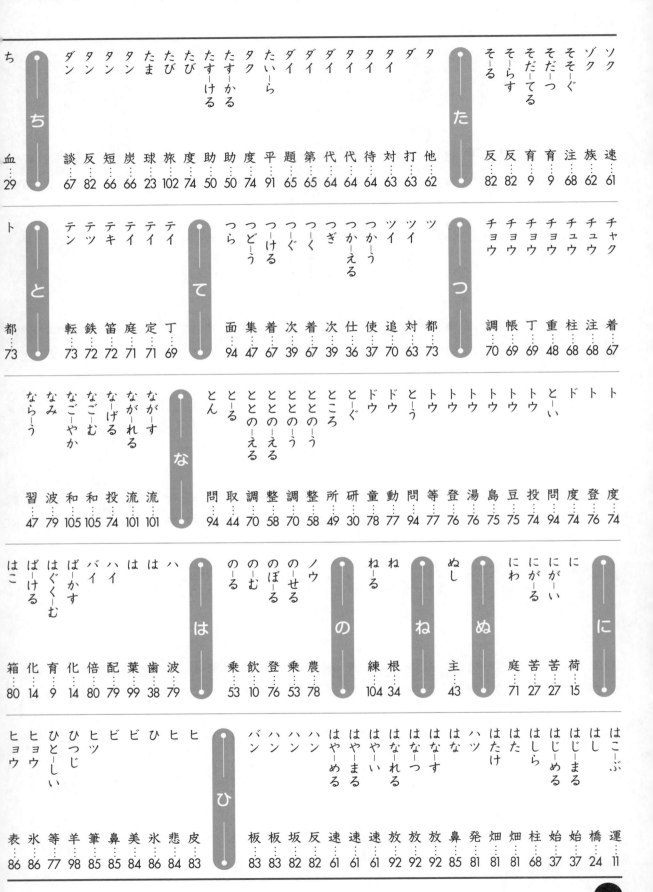

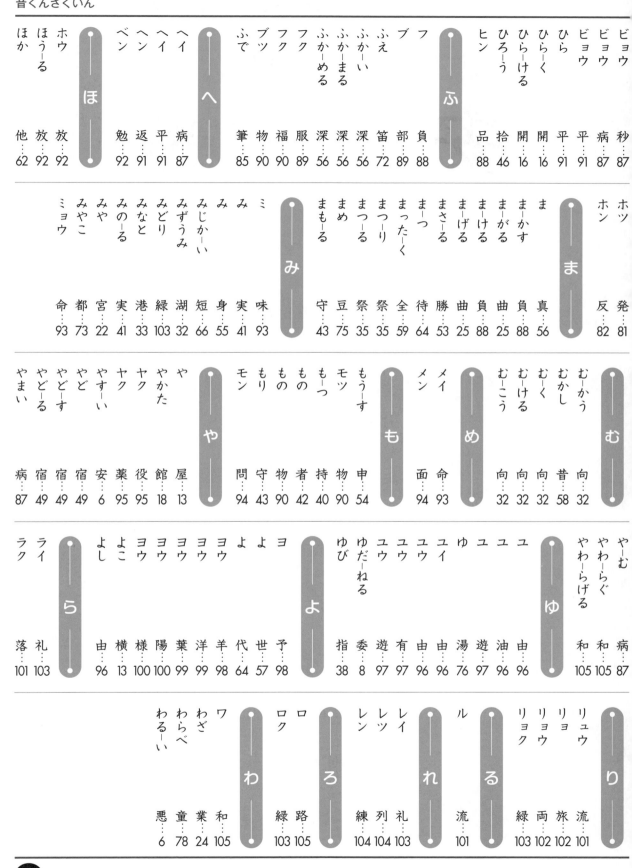

# 悪

おん　アク・（オ）

くん　わる-い

部首《ぶしゅ》　心（こころ）

画数　11画

**なり立ち**

もとの字は「惡」。みにくい意味《いみ》と音《おん》を表《あらわ》す「亞」と、「心」を合わせた字。「わるい」「にくむ」という意味を表す。

**練習《れんしゅう》**

悪

つき出さない

はねる

一　二　亓　亞　亜　亜　亜　亜　悪　悪　悪

**おくりがなの練習**

悪い（わる-い）

**つかい方をおぼえよう**

① 悪用《あくよう》してはいけない。

② 悪事《あくじ》をあばく。

③ 悪《わる》い言葉《ことば》は使《つか》わない。

④ 悪口《わるぐち》を言わない。

# 安

おん　アン

くん　やす-い

部首　宀（うかんむり）

画数　6画

**なり立ち**

家の中に女せい《じょ》が落《お》ち着《つ》く様子《ようす》からできた字。

**練習**

安

まっすぐ下につける

やや出す

丶　宀　宀　安　安　安

**おくりがなの練習**

安い（やす-い）

**つかい方をおぼえよう**

① 安全《あんぜん》な道を通る。

② 安心《あんしん》してねむる。

③ 安《やす》い品物《しなもの》。

④ 安《やす》らかな表《ひょう》じょう。

# 暗

おん　アン

くん　くら-い

練習

暗

まっすぐ下につける

やや長く

おくりがなの練習

（くら-い）

暗い

部首　日（ひへん・にちへん）　画数　13画

なり立ち

「日」と、おおう意味と音を表す「音」を合わせた字。日がおおわれて「くらい」意味を表す。

つかい方をおぼえよう

①九九を暗記《あんき》する。

②暗号《あんごう》を送《おく》る。

③暗《くら》い場所《ばしょ》。

④暗《くら》やみで目をこらす。

# 医

おん　イ

くん　―

練習

医

つき出さない

おさえてから右へ

部首　匚（はこがまえ）　画数　7画

注意点

書くときは、「医」としないように注意《ちゅうい》する。

つかい方をおぼえよう

①医者《いしゃ》にかかる。

②校医《こうい》の先生。

③内科の医《い》し。

④医学《いがく》が進歩《しんぽ》する。

# 委

おん　イ

くん　ゆだ-ねる

練習《れんしゅう》

委

とめる

ややつき出す

一 二 千 禾 禾 秂 委 委

部首《ぶしゅ》　女（おんな）

画数　8画

**なり立ち**

「女」と、なよなよする意味《いみ》と音《おん》を表《あらわ》す「禾」を合わせた字。女《じょ》せいがしなだれる様子《ようす》から、「ゆだねる」意味を表す。

**つかい方をおぼえよう**

①放送《ほうそう》委員会《いいんかい》。
②学級《がっきゅう》委員《いいん》を決《き》める。
③委員長《いいんちょう》になる。
④図書委員《いいん》。

# 意

おん　イ

くん　―

練習

意

まっすぐ下につける

はねる

丶 亠 亠 立 立 产 音 音 音 音 意 意 意

部首　心（こころ）

画数　13画

**なり立ち**

音＋心＝意

中にふくむ　こころ　外にあらわさない思い

**つかい方をおぼえよう**

①意見《いけん》を言う。
②意味《いみ》を調《しら》べる。
③遠足の用意《ようい》をする。
④注意《ちゅうい》を受《う》ける。

# 育

おん　イク

くん　そだ-つ　そだ-てる　はぐく-む

部首　月（にくづき）

画数　8画

**注意点**

部首に注意《ちゅうい》。体が育《そだ》つから、「肉」を意味する「月（にくづき）」がつく。

**練習**

まっすぐ下につける　とめる　はねる

**おくりがなの練習**

育つ（そだ-つ）

育てる（そだ-てる）

**つかい方をおぼえよう**

①体育《たいいく》の時間。

②うさぎをし育《いく》する。

③植物《しょくぶつ》が育《そだ》つ。

④野さいを育《そだ》てる。

# 員

おん　イン

くん　―

部首　口（くち）

画数　10画

**注意点**

「買」と形がにているので注意する。

**練習**

とめる

**つかい方をおぼえよう**

①全員《ぜんいん》が集《あつ》まる。

②定員《ていいん》二十名。

③まん員《いん》電車に乗《の》る。

④会社の社員《しゃいん》。

# 院

おん　イン
くん　――

練習《れんしゅう》

院

まっすぐ下につける

部首《ぶしゅ》　阝（こざとへん）
画数　10画

**なり立ち**

もり土を表《あらわ》す「阝」と、めぐらす意味《いみ》と音《おん》を表す「完」を合わせた字。土べい、また、土べいをめぐらしたたて物《もの》を表す。

**つかい方をおぼえよう**

① 病院《びょういん》に行く。
② 入院《にゅういん》する。
③ 美《び》よう院《いん》でかみを切る。
④ 院長《いんちょう》先生。

# 飲

おん　イン
くん　の-む

練習

飲

く・くとしない

部首　飠（しょくへん）
画数　12画

**注意点**

部首に注意《ちゅうい》。「飠」を「食」としないようにする。

**つかい方をおぼえよう**

① 飲《いん》りょう水《すい》をじゅんびする。
② 飲食店《いんしょくてん》を開業《かいぎょう》する。
③ 牛にゅうを飲《の》む。
④ 飲《の》み水《みず》が足りない。

おくりがなの練習

飲む（の-む）

ア

# 運

おん　ウン
くん　はこ-ぶ

練習

上の横《よこ》ぼうより長く

おくりがなの練習

運ぶ（はこ-ぶ）

部首　辶（しんにょう・しんにゅう）
画数　12画

なり立ち

辶 ＋ 軍 ＝ 運
歩行
とりまくの意味と音を表す
めぐり歩く→はこぶ

つかい方をおぼえよう

① 毎朝、運動《うんどう》をする。
② 自動車《じどうしゃ》を運転《うんてん》する。
③ 幸運《こううん》をねがう。
④ 荷物《にもつ》を運《はこ》ぶ。

# 泳

おん　エイ
くん　およ-ぐ

練習

くとしない。はらう
はねる

おくりがなの練習

泳ぐ（およ-ぐ）

部首　氵（さんずい）
画数　8画

なり立ち

「氵」（水）と、ゆく意味と音を表す「永」を合わせた字。水中を「およぐ」意味を表す。

つかい方をおぼえよう

① 水泳《すいえい》を習《なら》う。
② 遊泳《ゆうえい》きん止。
③ 海で泳《およ》ぐ。
④ 平泳《ひらおよ》ぎがとく意《い》だ。

## 駅

おん　エキ

くん　―

練習《れんしゅう》

駅

はねる

部首《ぶしゅ》　馬（うまへん）

画数　14画

**なり立ち**

もとの字は「驛」。「馬」と、つなぐ意味《いみ》と音《おん》を表《あらわ》す「睪」を合わせた字で、馬つぎを意味する。転《てん》じて、「馬をかえる宿場《しゅくば》」を表す。

**つかい方をおぼえよう**

①駅前《えきまえ》の通り。
②駅《えき》でん大会。
③かく駅《えき》てい車。
④駅員《えきいん》がアナウンスする。

## 央

おん　オウ

くん　―

練習

央

出す

部首　大（だい）

画数　5画

**なり立ち**

人に首かせをつけた様子《ようす》からできた字。

**つかい方をおぼえよう**

①中央《ちゅうおう》のせき。
②道の中央《ちゅうおう》を歩く。
③中央《ちゅうおう》にならぶ。
④円の中央《ちゅうおう》。

ア

# 横

おん　オウ

くん　よこ

練習

つき出す

とめる

部首　木（きへん）

画数　15画

注意点

部首に注意《ちゅうい》。「木（きへん）」のさい後はとめる。「木」としないように。

つかい方をおぼえよう

①横《おう》だん歩道をわたる。

②横顔《よこがお》を写真《しゃしん》にとる。

③横書《よこが》きで書く。

④ベッドに横《よこ》たわる。

# 屋

おん　オク

くん　や

練習

とめる

長く

部首　尸（しかばね・しかばねかんむり）

画数　9画

意味

人が横《よこ》になるしん室を表したことから、広く「家屋《かおく》」の意味を表す。

つかい方をおぼえよう

①屋上《おくじょう》に上る。

②屋外《おくがい》で遊《あそ》ぶ。

③屋根《やね》をしゅう理する。

④犬の小屋《こや》を作る。

# 温

おん　オン

くん　あたた-か・あたた-かい
あたた-まる・あたた-める

部首《ぶしゅ》　氵（さんずい）

画数　12画

**意味**

じょう気がたちこめる意味《いみ》から、「あたたかい・あたためる」意味を表《あらわ》す。

**つかい方をおぼえよう**

① 気温《きおん》が高い。
② 温室《おんしつ》で花を育《そだ》てる。
③ 温《あたた》かいスープを飲《の》む。
④ みそしるを温《あたた》める。

**練習《れんしゅう》**

温

四・皿としない

**おくりがなの練習**

温かい（あたた-かい）

温める（あたた-める）

# 化

おん　カ・（ケ）

くん　ば-ける
ば-かす

部首　亻（にんべん）

画数　4画

**なり立ち**

人と人がひっくり返《かえ》った様子《ようす》から、人がすがたをかえる、「かわる」意味を表す。

**つかい方をおぼえよう**

① 化石《かせき》をさがす。
② 地いきの文化《ぶんか》を守《まも》る。
③ 化《ば》けねこの昔話《むかしばなし》。
④ たぬきに化《ば》かされた話。

**練習**

化

角をつけずにまげて上にはねる

**おくりがなの練習**

化ける（ば-ける）

化かす（ば-かす）

# 荷

おん　(カ)
くん　に

練習

軽くはらう　はねる　出す

部首　艹(くさかんむり)
画数　10画

注意点
読み方に注意《ちゅうい》する。
×荷物《かもつ》
○荷物《にもつ》

つかい方をおぼえよう
①荷物《にもつ》が重《おも》い。
②荷台《にだい》にのせる。
③荷《に》づくりをする。
④重荷《おもに》に思う。

# 界

おん　カイ
くん　―

練習

軽《かる》くはらう　はねない

部首　田(た)
画数　9画

なり立ち
田んぼ ＋ 介(区切《くぎ》るの意味と音を表す) ＝ 界(田んぼのさかい目)

つかい方をおぼえよう
①世界《せかい》のニュース。
②世界旅行《せかいりょこう》をする。
③べっ世界《せかい》のようだ。
④国と国のきょう界《かい》。

# 開

おん　カイ

くん　ひら-く・ひら-ける　あ-く・あ-ける

練習《れんしゅう》

開（軽《かる》くはらう・はねる・とめる）

部首《ぶしゅ》　門（もんがまえ・かどがまえ）

画数　12画

なり立ち

門を止める横木《よこぎ》を両手《りょうて》でひらく様子《ようす》からできた字。

つかい方をおぼえよう

①開《かい》始《し》の合図。

②道とくの公開《こうかい》じゅ業《ぎょう》。

③校門を開《ひら》く。

④まどを開《あ》ける。

おくりがなの練習

（ひら-く）開く

（あ-ける）開ける

# 階

おん　カイ

くん　―

部首　阝（こざとへん）

画数　12画

なり立ち

だんを意味《いみ》する「阝」と、ならぶ意味と音《おん》を表《あらわ》す「皆」を合わせた字。広く、「階《かい》だん」の意味を表す。

つかい方をおぼえよう

①階《かい》だんを上る。

②三階《さんかい》だての家。

③さいしょのだん階《かい》。

④ボクシングの階級《かいきゅう》。

練習

階（上にはねる・おさえてから右上へ）

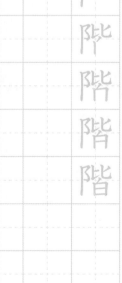

# 寒

おん　カン
くん　さむ-い

部首　宀（うかんむり）　画数　12画

**なり立ち**

屋内《おくない》で人が草にくるまっている様子

氷《こおり》

↓

寒

**練習**

寒

まっすぐ下につける

〃としない

**おくりがなの練習**

寒い（さむ-い）

**つかい方をおぼえよう**

① 冬のぼう寒服《かんぷく》。
② 寒天《かんてん》でおやつを作る。
③ 寒《さむ》い部屋《へや》。
④ 寒《さむ》さをふせぐ。

# 感

おん　カン
くん　―

部首　心（こころ）　画数　13画

**なり立ち**

「心」と、動《うご》く意味と音を表す「咸」を合わせた字。「心が動く、動かされる」意味を表す。

**練習**

感

上にはねる

はねる

**つかい方をおぼえよう**

① 物語《ものがたり》を読んで感動《かんどう》する。
② 感想《かんそう》をのべる。
③ 感《かん》じょうを表《あらわ》す。
④ せきにん感《かん》が強い。

# 漢

おん　カン
くん　――

部首《ぶしゅ》　氵（さんずい）
画数　13画

**注意点**
書くときは、横《よこ》ぼうの本数に注意《ちゅうい》する。三本ではなく、二本。

**練習《れんしゅう》**
漢　つき出さない

**つかい方をおぼえよう**
① 漢字《かんじ》の練習《れんしゅう》をする。
② 漢数字《かんすうじ》で書く。
③ 漢方薬《かんぽうやく》を飲《の》む。
④ 漢字《かんじ》じてんで調《しら》べる。

# 館

おん　カン
くん　やかた

部首　飠（しょくへん）
画数　16画

**なり立ち**
食 ＋ 官 ＝ 館
食－
－人が集《あつ》まる家の意味《いみ》と音《おん》を表《あらわ》す
－旅行者《りょこうしゃ》などに食事《しょくじ》をきょうする宿《しゅく》しゃ

**練習**
館　まっすぐ下につける

**つかい方をおぼえよう**
① 図書館《としょかん》に行く。
② 体育館《たいいくかん》に集合《しゅうごう》する。
③ 旅館《りょかん》にとまる。
④ じ童館《どうかん》で遊《あそ》ぶ。

# 岸

おん　ガン

くん　きし

練習

岸

上の横ぼうより長く

部首　山（やま）

画数　8画

注意点

書き方に注意する。

×岸　○岸

つかい方をおぼえよう

①海岸《かいがん》をさん歩する。

②川の対岸《たいがん》にわたる。

③川岸《かわぎし》でつりをする。

④向《む》こう岸《ぎし》にわたる。

# 起

おん　キ

くん　お－きる　お－こる　お－こす

練習

起

巳 としない

部首　走（そうにょう）

画数　10画

注意点

部首が、走る意味がある「走（そうにょう）」であることに注意する。

つかい方をおぼえよう

①起立《きりつ》して礼《れい》をする。

②早起《はやお》きをして運動《うんどう》をする。

③事《じ》けんが起《お》きる。

④目ざまし時計で起《お》こされる。

おくりがなの練習

（お－きる）起きる

（お－こす）起こす

# 期

おん　キ・（ゴ）

くん　―

練習《れんしゅう》

期

はねる

とめる

部首《ぶしゅ》　月（つき）

画数　12画

なり立ち

「月」と、ひとめぐりの意味《いみ》と音《おん》を表《あらわ》す「其」を合わせた字。月の一まわり、「一か月」の意味を表す。

つかい方をおぼえよう

①夏休みの期間《きかん》。
②新学期《しんがっき》が始《はじ》まる。
③期待《きたい》にこたえる。
④定期《ていき》けんを買う。

# 客

おん　キャク・（カク）

くん　―

練習

客

まっすぐ下につける

部首　宀（うかんむり）

画数　9画

なり立ち

宀＋各＝客

家

いたる意味と音を表す

家に来る人

つかい方をおぼえよう

①来客《らいきゃく》がある。
②旅館《りょかん》の客室《きゃくしつ》。
③乗客《じょうきゃく》をよび出す。
④かん客《きゃく》せきにすわる。

# 究

おん　キュウ
くん　（きわ-める）

## 練習

究

上にはねる
まっすぐ下につける

部首　穴（あなかんむり）　画数　7画

**なり立ち**
「穴（あな）」と、まがりくねる意味と音を表す「九」とで、まがりくねったせまいあなを表し、「きわまる」意味に用いる。

**つかい方をおぼえよう**

① 医学《いがく》の研究《けんきゅう》。
② 研究発表《けんきゅうはっぴょう》をする。
③ 自由研究《じゆうけんきゅう》でこん虫を調《しら》べる。
④ 研究所《けんきゅうじょ》で調べる。

# 急

おん　キュウ
くん　いそ-ぐ

## 練習

急

つき出さない
はねる

部首　心（こころ）　画数　9画

**注意点**
「いそ」と読むが、「急《いそ》がしい」とはならない。「いそがしい」はべつの漢字《かんじ》を用いる。

**つかい方をおぼえよう**

① 急行列車《きゅうこうれっしゃ》に乗《の》る。
② きゅう急車《きゅうしゃ》をよぶ。
③ 急《いそ》いで駅《えき》に行く。
④ 急《いそ》ぎ足《あし》で歩く。

## おくりがなの練習

急ぐ（いそ-ぐ）

# 級

おん　キュウ
くん　―

練習《れんしゅう》

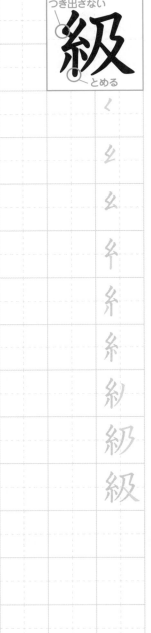

つき出さない
とめる

部首《ぶしゅ》　糸（いとへん）
画数　9画

**注意点**
画数に注意《ちゅうい》する。「㇋」はつづけて書き、そう画数は九画。

**つかい方をおぼえよう**

① 学級会《がっきゅうかい》を開《ひら》く。
② 同級生《どうきゅうせい》の友だち。
③ 三年生に進級《しんきゅう》する。
④ 上級生《じょうきゅうせい》になる。

# 宮

おん　キュウ・（グウ）・（ク）
くん　みや

練習

まっすぐ下につける
上の口より大きく

部首　宀（うかんむり）
画数　10画

**なり立ち**

↓
宮

**つかい方をおぼえよう**

① 王宮《おうきゅう》を見学する。
② 宮《きゅう》でんに住《す》む。
③ お宮《みや》まいりをする。
④ お宮《みや》の鳥いをくぐる。

# 球

おん　キュウ
くん　たま

練習

球
はねる

一 T 干 王 王一 玎 玎 玎 球 球 球

部首　王（たまへん・おうへん）
画数　11画

なり立ち
玉を表《あらわ》す「王」と、まるい意味《いみ》と音《おん》を表す「求」を合わせた字。美《うつく》しい玉を表すことから、「球《きゅう》形《けい》」を表す。

つかい方をおぼえよう
①球《きゅう》ぎ大会に出る。
②地球《ちきゅう》ぎで調《しら》べる。
③野球場《やきゅうじょう》に行く。
④球《たま》をまっすぐ投《な》げる。

# 去

おん　キョ・コ
くん　さ-る

練習

去
上の横《よこ》ぼうより長く

一 十 土 去 去

部首　ム（む）
画数　5画

なり立ち
ふたつきのようきの形

つかい方をおぼえよう
①去年《きょねん》の思い出。
②か去《こ》の出来事《できごと》。
③来る人と去《さ》る人。
④車が走《はし》り去《さ》る。

おくりがなの練習
去る（さ-る）

# 橋

おん　キョウ
くん　はし

練習《れんしゅう》

橋（はねる・とめる）

部首《ぶしゅ》　木（きへん）

画数　16画

意味

はねつるべの高くあがる横木《よこぎ》の様子《ようす》から、「はし」の意味《いみ》に用いる。

つかい方をおぼえよう

①鉄橋《てっきょう》を列車《れっしゃ》が通る。
②歩道橋《ほどうきょう》をわたる。
③川に橋《はし》をかける。
④つり橋《ばし》がゆれる。

# 業

おん　ギョウ・（ゴウ）
くん　（わざ）

練習

業（つき出さない・とめる）

部首　木（き）

画数　13画

なり立ち

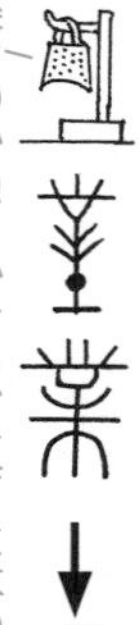

↓業

楽きのかねをかける、立てた木の台

つかい方をおぼえよう

①作業服《さぎょうふく》に着《き》がえる。
②しょく業《ぎょう》をたずねる。
③工業《こうぎょう》地たい。
④そつ業式《ぎょうしき》に出せきする。

# 曲

おん　キョク

くん　ま-がる　ま-げる

部首　曰（いわく・ひらび）

画数　6画

なり立ち

木や竹をまげて作ったようき

↓曲

練習

出す

おくりがなの練習

曲がる（ま-がる）

曲げる（ま-げる）

つかい方をおぼえよう

① 曲線《きょくせん》をえがく。
② 有名《ゆうめい》な作曲家《さっきょくか》。
③ 角を曲《ま》がる。
④ 指《ゆび》を曲《ま》げる。

# 局

おん　キョク

くん　―

部首　尸（しかばね・しかばねかんむり）

画数　7画

意味

家の中を区切《くぎ》った部屋《へや》の意味から、「区切る」意味を表《あらわ》す。

練習

軽《かる》くはらう

はねる

つかい方をおぼえよう

① 薬局《やっきょく》で薬《くすり》を買う。
② ゆうびん局《きょく》に行く。
③ 放送局《ほうそうきょく》につとめる。
④ ゆうびん局《きょく》の局長《きょくちょう》。

# 銀

おん　ギン

くん　―

練習《れんしゅう》

とめる

点の打《う》ち方に注意

ノ 入 ト ヒ 午 牟 金 金 金 釒 釘 鈤 銀 銀 銀

部首《ぶしゅ》　金（かねへん）

画数　14画

**注意点**

形がにている漢字《かんじ》に注意《ちゅうい》する。

金・銀《ぎん》・鉄《てつ》

**つかい方をおぼえよう**

①銀色《ぎんいろ》の色えん筆《ぴつ》。
②銀行《ぎんこう》にお金をあずける。
③大会で銀《ぎん》しょうをとる。
④スキー場は一面《いちめん》の銀《ぎん》世界《せかい》だ。

# 区

おん　ク

くん　―

練習

くっつけない

とめる

部首　匚（はこがまえ）

画数　4画

**なり立ち**

もとの字は「區」。品物《しなもの》を区切りで分ける様子《ようす》からできた字。

**つかい方をおぼえよう**

①地区《ちく》の集会所《しゅうかいじょ》。
②色の区《く》べつをする。
③区切《くぎ》りをつける。
④きけんな区《く》いき。

# 苦

おん　ク

くん　くる-しい・くる-しむ・くる-しめる・にが-い・にが-る

部首　艹（くさかんむり）　画数　8画

**意味**

にがみのある草の意味《いみ》から、「にがい」を表《あらわ》し、転《てん》じて、「くるしい」意味に用いる。

**練習**

苦（やや長く）

一　十　廾　艹　艹　芊　苦　苦

**おくりがなの練習**

（くる-しい）苦しい

（にが-い）苦い

**つかい方をおぼえよう**

① 苦《く》ろうする。

② 苦《くる》しそうな表《ひょう》じょう。

③ 息《いき》が苦《くる》しい。

④ 苦《に》手《て》な問題《もんだい》。

# 具

おん　グ

くん　―

部首　八（はち）　画数　8画

**なり立ち**

かなえ（=ようき）を両手《りょうて》で持《も》つ様子からできた字。

**練習**

具（とめる。八としない）

丨　冂　冃　月　目　且　旦　具

**つかい方をおぼえよう**

① 道《どう》具《ぐ》をかりる。

② 家《か》具《ぐ》を運《はこ》ぶ。

③ 文《ぶん》ぼう具《ぐ》のお店。

④ 具《ぐ》体《たい》てきに書く。

カ

# 君

おん　クン

くん　きみ

練習《れんしゅう》

君

かならずつき出す

フ　ヲ　ヨ　尹　君　君　君

部首《ぶしゅ》　ロ（くち）

画数　7画

**なり立ち**

**「ロ」と、人をおさめる意味《いみ》と音《おん》を表《あらわ》す「尹」を合わせた字。号《ごう》れいを出して人をおさめる者《もの》を意味する。**

**つかい方をおぼえよう**

① 君主《くんしゅ》がおさめる国。

② となりは山下君《やましたくん》のせきだ。

③ 「君《きみ》の名前は」とたずねられる。

④ 君《きみ》はぼくの友だちだ。

# 係

おん　ケイ

くん　かか－る　かかり

練習

係

つき出さない

とめる

ノ　亻　仁　仫　仫　伛　伛　係　係　係

部首　亻（にんべん）

画数　9画

**なり立ち**

亻＋系＝係

人－　つなぐ意味と音を表す－　人のつながり

**つかい方をおぼえよう**

① かん係《けい》のある言葉《ことば》を調《しら》べる。

② 本人のどカに係《かか》る。

③ 係員《かかりいん》の指《し》じにしたがう。

④ 図書係《としょがかり》になる。

おくりがなの練習

（かか－る）

係る

# 軽

おん　ケイ

くん　かる-い
（かろ-やか）

部首　車（くるまへん）

画数　12画

**注意点**
対語《たいご》は「重」。

**練習**

軽

上の横《よこ》ぼうより長く

**おくりがなの練習**

軽い（かる-い）

**つかい方をおぼえよう**

①軽《けい》かいなリズム。
②軽食《けいしょく》を食べる。
③軽《かる》い荷物《にもつ》を持《も》つ。
④軽《かる》いけがをする。

# 血

おん　ケツ

くん　ち

部首　血（ち）

画数　6画

**注意点**
「皿」と形がにているので注意《ちゅうい》する。

**練習**

血

向《む》きと打《う》つ場所《ばしょ》に注意。
血としない

**つかい方をおぼえよう**

①血《けつ》えきの流《なが》れ。
②出血《しゅっけつ》を止める。
③きず口から血《ち》がにじむ。
④鼻血《はなぢ》が出る。

# 決

おん　ケツ

くん　き-める　き-まる

練習《れんしゅう》

決

出す

部首《ぶしゅ》　氵（さんずい）

画数　7画

注意点

書くときは、「夬」を「央」としないように注《ちゅう》意《い》する。

つかい方をおぼえよう

①問題《もんだい》をかい決《けつ》する。
②決勝《けっしょう》せんでたたかう。
③決《き》められたルール。
④多数決《たすうけつ》で決《き》める。

おくりがなの練習

（き-める）決める

（き-まる）決まる

# 研

おん　ケン

くん　（と-ぐ）

部首　石（いしへん）

画数　9画

注意点

書くときは、「幵」の横《よこ》ぼうは下の方が長いことに注意する。

つかい方をおぼえよう

①植物《しょくぶつ》の研究《けんきゅう》。
②研究者《けんきゅうしゃ》になる。
③自由研究《じゆうけんきゅう》を発表《はっぴょう》する。
④研究室《けんきゅうしつ》にこもる。

練習

研

上の横ぼうより長く

はねない

## 県

おん　ケン
くん　―

練習

つき出ない
とめる

部首　目（め）
画数　9画

**注意点**
書くときは、「目」を「日」としないように注意する。

**つかい方をおぼえよう**

① 他《ほか》の県《けん》に引っこす。
② 県立《けんりつ》の図書館《としょかん》。
③ 都道《とどう》ふ県《けん》を調《しら》べる。
④ 石川県《いしかわけん》。

## 庫

おん　コ・（ク）
くん　―

練習

まっすぐ下につける
上の横ぼうより長く

部首　广（まだれ）
画数　10画

**なり立ち**
たて物《もの》を表《あらわ》す「广」と、へい車《しゃ》を入れるたて物を表す「車」を合わせた字。広く「くら」の意味《いみ》を表す。

**つかい方をおぼえよう**

① 学級文庫《がっきゅうぶんこ》の本。
② 車庫《しゃこ》に入れる。
③ そう庫《こ》のたなにならべる。
④ れいそう庫《こ》にしまう。

# 湖

おん　コ
くん　みずうみ

練《れん》習《しゅう》

湖

はねる

部首《ぶしゅ》　氵（さんずい）
画数　12画

なり立ち
「氵」（水）と、大きいという意味《いみ》と音《おん》を表《あらわ》す「胡」を合わせた字。大きな水たまり、「みずうみ」の意味を表す。

つかい方をおぼえよう
① 湖《こ》岸《がん》でつりをする。
② 湖《みずうみ》でボートに乗《の》る。
③ 湖《みずうみ》のある町。
④ びわ湖《こ》は日本一大きな湖《みずうみ》だ。

# 向

おん　コウ
くん　む-く・む-ける・む-かう
む-こう

練習

向

はねる

部首　口（くち）
画数　6画

なり立ち

向
家の北がわの高い所《ところ》に開《あ》けられた高まどの形

つかい方をおぼえよう
① 進行方向《しんこうほうこう》をかくにんする。
② 向《む》きをそろえる。
③ 横《よこ》に顔を向《む》ける。
④ 川の向《む》こう岸《ぎし》。

おくりがなの練習

向ける（む-ける）

向こう（む-こう）

# 幸

おん　コウ
くん　さいわ-い　（さち）　しあわ-せ

部首　干（かん・いちじゅう）
画数　8画

なり立ち

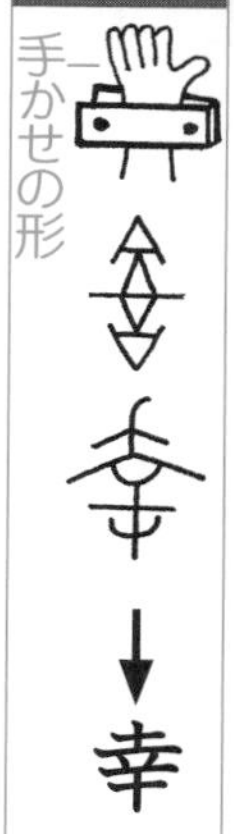


つかい方をおぼえよう

①幸福《こうふく》をねがう。
②幸運《こううん》がおとずれる。
③さいふが見つかったのは幸《さいわ》いだ。
④幸《しあわ》せになりたい。

練習

おくりがなの練習

幸い（さいわ-い）

幸せ（しあわ-せ）

# 港

おん　コウ
くん　みなと

部首　氵（さんずい）
画数　12画

なり立ち

水を表す「氵」と、通路《つうろ》の意味と音を表す「巷」を合わせた字。ふねの通る水路《すいろ》から、「みなと」の意味を表す。

つかい方をおぼえよう

①空港《くうこう》を見学する。
②ぎょ港《こう》の町。
③船が出港《しゅっこう》する。
④港《みなと》が見える。

練習

# 号

おん　ゴウ
くん　―

練習《れんしゅう》

つき出さない
はねる

部首《ぶしゅ》　口（くち）
画数　5画

注意点
書くときは、「丂」の部分を「万」としないように注意《ちゅうい》する。

つかい方をおぼえよう

① 番号《ばんごう》をたしかめる。
② しん号《ごう》にしたがう。
③ 記号《きごう》を書く。
④ 号《ごう》れいをかける。

# 根

おん　コン
くん　ね

練習

くとしない。はらう
とめる

部首　木（きへん）
画数　10画

なり立ち
「木」と、とどまる意味《いみ》と音《おん》を表《あらわ》す「艮」を合わせた字。木のもとの部分の意味を表す。

つかい方をおぼえよう

① 大根《だいこん》をほる。
② 根気《こんき》強く待《ま》つ。
③ 地面《じめん》に根《ね》をはる。
④ 屋根《やね》に小鳥がとまる。

# 祭

おん　サイ
くん　まつ-る　まつ-り

部首　示（しめす）
画数　11画

**なり立ち**
肉を手に持《も》つ様子《ようす》に「示」（神《かみ》）をくわえてできた字。

**練習**

祭（えとしない・はねる）

**おくりがなの練習**

祭る（まつ-る）
祭り（まつ-り）

**つかい方をおぼえよう**

①高校の文化祭《ぶんかさい》。
②祭日《さいじつ》は学校が休みだ。
③祭《まつ》りのおはやし。
④秋のお祭《まつ》り。

# 皿

おん　——
くん　さら

部首　皿（さら）
画数　5画

**なり立ち**

台に足のついたようきを横《よこ》から見た形

**練習**

皿（出す）

**つかい方をおぼえよう**

①皿《さら》をあらう。
②大皿《おおざら》にくだものをもる。
③受《う》け皿《ざら》をおく。
④皿《さら》をならべる。

# 仕

おん　シ・(ジ)
くん　つか-える

練習《れんしゅう》

下の横《よこ》ぼうより長く

仕

ノ　イ　仁　什　仕

おくりがなの練習

(つか-える)　仕える

部首《ぶしゅ》　イ（にんべん）　画数　5画

**なり立ち**

役目《やくめ》にある者《もの》を指《さ》し、音《おん》を表《あらわ》す「士」に「人」をくわえて、「士」という漢字《かんじ》と区《く》べつした。「つかえる」意味《いみ》を表す。

**つかい方をおぼえよう**

① 仕事《しごと》をする。
② 仕《し》組《く》みを調《しら》べる。
③ 商品《しょうひん》を仕《し》入れる。
④ 王様《おうさま》に仕《つか》える。

# 死

おん　シ
くん　し-ぬ

練習

角をつけずにまげて上にはねる

死

一　厂　歹　歹　歹　死

おくりがなの練習

(し-ぬ)　死ぬ

部首　歹（がつへん・かばねへん）　画数　6画

**なり立ち**

「歹」はほねを表した形。「人」がへん化《か》した「匕」をくわえて、人の命《いのち》がつきてほねになることを表した字。

**つかい方をおぼえよう**

① 新聞の死《し》ぼう記事《きじ》。
② ねこの死《し》体《たい》。
③ 死《し》にものぐるいでがんばる。
④ 金魚が死《し》ぬ。

# 使

おん　シ
くん　つか-う

練習

使

出す

ノ　亻　亻　亻　亻　亻　使　使

おくりがなの練習

使う（つか-う）

部首　亻（にんべん）　画数　8画

**注意点**

書くときは、「吏」を「叓」としないように注意《ちゅうい》する。

**つかい方をおぼえよう**

① 道具《どうぐ》を使用《しよう》する。
② アメリカ大使館《たいしかん》。
③ ていねいな言葉《ことば》を使《つか》う。
④ 使《つか》いすてをしない。

# 始

おん　シ
くん　はじ-める
　　　はじ-まる

練習

始

やや出す
とめる

く　女　女　女　女　始　始　始

おくりがなの練習

始める（はじ-める）

始まる（はじ-まる）

部首　女（おんなへん）　画数　8画

**なり立ち**

「女」と、はじめの意味と音を表す「台」を合わせた字。長女の意味から「はじめ」を表す。

**つかい方をおぼえよう**

① 始業式《しぎょうしき》に出る。
② 始発《しはつ》電車に乗《の》る。
③ 練習《れんしゅう》を始《はじ》める。
④ えんそう会が始《はじ》まる。

サ

## 指

おん　シ
くん　ゆび　さ-す

部首《ぶしゅ》　扌（てへん）

画数　9画

**なり立ち**
「扌」（手）と、まっすぐのびる意味《いみ》と音《おん》を表《あらわ》す「旨」を合わせた字。手の「ゆび」から、「ゆびさす」に用いる。

**練習《れんしゅう》**
角をつけずにまげて上にはねる
はねる

**おくりがなの練習**
指す（さ-す）

**つかい方をおぼえよう**
① 先生の指《し》どうを受《う》ける。
② 指《し》じされた場所《ばしょ》に行く。
③ 親指《おやゆび》の先。
④ 右手で指《さ》す。

## 歯

おん　シ
くん　は

部首　歯（は）

画数　12画

**なり立ち**

↓
歯

**練習**
とめる
とめる

**つかい方をおぼえよう**
① 歯《し》科《か》医院《いいん》。
② 歯《は》をみがく。
③ 歯車《はぐるま》がかみ合う。
④ 歯形《はがた》がつく。

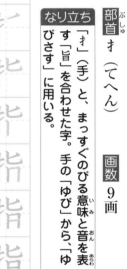

# 詩

おん　シ

くん　―

## 練習

点の打《う》ち方に注意《ちゅうい》

はねる

部首　言（ごんべん）　画数　13画

**なり立ち**

「言」と、心が動《うご》き向《む》かう意味と音を表す「寺」を合わせた字。感動《かんどう》を言葉《ことば》に表した「うた」の意味を表す。

**つかい方をおぼえよう**

①詩《し》を音読する。
②詩集《ししゅう》を読む。
③詩人《しじん》のでん記を読む。
④詩《し》をノートに書く。

# 次

おん　ジ・（シ）

くん　つ-ぐ　つぎ

## 練習

フとしない

部首　欠（けんづくり）　画数　6画

**注意点**

部首は「冫」ではなく、「欠（けんづくり）」。

**つかい方をおぼえよう**

①次回《じかい》を楽しみにする。
②目次《もくじ》を調《しら》べる。
③兄に次《つ》いでせが高い。
④次《つぎ》は自分の番だ。

## おくりがなの練習

（つ-ぐ）　次ぐ

サ

# 事

おん　ジ・(ズ)
くん　こと

練習《れんしゅう》

出す
はねる

部首《ぶしゅ》　亅（はねぼう）
画数　8画

注意点
書くときは、横《よこ》ぼうの長短《ちょうたん》に注意《ちゅうい》する。

つかい方をおぼえよう
① 事実《じじつ》はかわらない。
② 行事《ぎょうじ》が多いきせつ。
③ よくある出来事《できごと》。
④ 何事《なにごと》もない。

# 持

おん　ジ
くん　も-つ

部首　扌（てへん）
画数　9画

なり立ち
扌＋寺＝持
手－とどめる意味《いみ》と音《おん》を表《あらわ》す－もつ

練習

上の横ぼうより長く
はねる

つかい方をおぼえよう
① 所持品《しょじひん》はこれだけだ。
② 気持《きも》ちがいい。
③ 持《も》ち物《もの》をそろえる。
④ 石を持《も》つ。

おくりがなの練習
持つ（も-つ）

# 式

おん　シキ

くん　―

練習

エにならない

はねる

式

部首　弋（しきがまえ）

画数　6画

注意点

部首が「弋（しきがまえ）」であることに注意する。

つかい方をおぼえよう

①式《しき》をたてる。

②けっこん式場《しきじょう》。

③入学式《にゅうがくしき》に出る。

④正式《せいしき》なやり方。

# 実

おん　ジツ

くん　み　みの-る

練習

まっすぐ下につける

長く

実

部首　宀（うかんむり）

画数　8画

注意点

書くときは、横ぼうの本数と、長短に注意する。

つかい方をおぼえよう

①実力《じつりょく》をためす。

②実《じっ》けんのけっか。

③花がちって実《み》がなる。

④田んぼにいねが実《みの》る。

おくりがなの練習

実る（みの-る）

サ

# 写

おん　シャ

くん　うつ-す　うつ-る

## 練習《れんしゅう》

長く

はねる

部首《ぶしゅ》　冖（わかんむり）

画数　5画

**注意点**

「㝍」としないように注意《ちゅうい》する。

## おくりがなの練習

写す（うつ-す）

写る（うつ-る）

## つかい方をおぼえよう

①写真《しゃしん》をとる。

②書写《しょしゃ》の時間。

③文字を書《か》き写《うつ》す。

④写真《しゃしん》に写《うつ》る。

# 者

おん　シャ

くん　もの

## 練習

つき出す

長く

部首　耂（おいかんむり）

画数　8画

**注意点**

同じ読みの「物」に注意する。

・者《もの》…人に使《つか》う。

・物《もの》…品物《しなもの》に使う。

## つかい方をおぼえよう

①作者《さくしゃ》にインタビューする。

②医者《いしゃ》になりたい。

③クラスの人気者《にんきもの》。

④わか者《もの》の間で流行《りゅうこう》する。

# 主

おん　シュ・(ス)

くん　ぬし　おも

部首　、(てん)

画数　5画

**なり立ち**

ろうそくなどを立てて火をつける台で、火がもえている形

↓主

**練習**

主

点の向《む》きに注意。ななめにはなす

**つかい方をおぼえよう**

① 主食《しゅしょく》は米だ。

② 物語《ものがたり》の主人公《しゅじんこう》。

③ 家主《やぬし》にあいさつをする。

④ 主《おも》に屋内《おくない》で行うスポーツ。

# 守

おん　シュ・ス

くん　まも-る・(もり)

部首　宀(うかんむり)

画数　6画

**なり立ち**

家

手＝つかみとる

↓守

**練習**

守

まっすぐ下につける

はねる

**おくりがなの練習**

守る (まも-る)

**つかい方をおぼえよう**

① 野球《やきゅう》の守《しゅ》びにつく。

② る守《す》番《ばん》をする。

③ やくそくを守《まも》る。

④ お守《まも》りをもらう。

サ

# 取

おん　シュ

くん　と-る

練習《れんしゅう》

取

つき出さない

おくりがなの練習

取る（と-る）

部首《ぶしゅ》　又（また）

画数　8画

なり立ち

手で耳をつかんだ様子《ようす》から、けものの耳を持《も》ってとらえたことを表《あらわ》した字。

つかい方をおぼえよう

① 取《しゅ》ざいをする。
② たなの上の物《もの》を取《と》る。
③ 真《しん》けんに取《と》り組《く》む。
④ ゲームで点を取《と》る。

# 酒

おん　シュ

くん　さけ｜さか

練習

酒

角をつけずにまげる

部首　酉（ひよみのとり）

画数　10画

なり立ち

氵（水）＋酉（酒《さか》つぼの意味《いみ》と音《おん》を表す）＝酒

つかい方をおぼえよう

① 日本酒《にほんしゅ》を買う。
② 酒《さけ》を売る店。
③ あま酒《ざけ》を飲《の》む。
④ 酒《さか》もりが始《はじ》まる。

# 受

おん　ジュ

くん　う-ける　う-かる

部首　又（また）

画数　8画

**注意点**

書くときは、「⺤」を「⺥」としないように注意《ちゅうい》する。

**つかい方をおぼえよう**

①大学を受《じゅ》けんする。
②けんさを受《う》ける。
③受《う》けつけであん内する。
④テストに受《う》かる。

**練習**

受（線の向《む》きに注意）

**おくりがなの練習**

受ける（う-ける）

受かる（う-かる）

# 州

おん　シュウ

くん　（す）

部首　川（かわ）

画数　6画

**なり立ち**

水流《すいりゅう》にかこまれた土地の様子からできた字。

**つかい方をおぼえよう**

①台風が本州《ほんしゅう》に上りくする。
②ワシントン州《しゅう》に旅行《りょこう》する。
③アメリカの州《しゅう》ぎ会《かい》。
④九州《きゅうしゅう》地方。

**練習**

州（点はまっすぐ下に向《む》けて打《う》つ／とめる）

# 拾

おん （シュウ）・（ジュウ）
くん ひろ-う

部首《ぶしゅ》 扌（てへん）
画数 9画

なり立ち
手－扌＋合＝拾
あわせる－
ひろい集《あつ》める－

練習《れんしゅう》
拾（はねる）
一 † 扌 扌 扌 拎 拎 拎 拾

おくりがなの練習
拾う（ひろ-う）

つかい方をおぼえよう
①ごみを拾《ひろ》う。
②これは拾《ひろ》い物《もの》だ。
③拾《ひろ》ったお金を交番にとどける。
④命拾《いのちびろ》いをする。

# 終

おん シュウ
くん お-わる　お-える

部首 糸（いとへん）
画数 11画

注意点
書くときは、「冬」の部分を「夂」としないように注意《ちゅうい》する。

練習
終（とめる・にしない）
く 幺 幺 糸 糸 糸 糸 終 終 終 終

おくりがなの練習
終わる（お-わる）
終える（お-える）

つかい方をおぼえよう
①バスの終点《しゅうてん》。
②きょうは終業式《しゅうぎょうしき》だ。
③えい画が終《お》わる。
④きゅう食を食《た》べ終《お》える。

# 習

おん　シュウ
くん　なら-う

部首　羽（はね）
画数　11画

**意味**
ひな鳥がいく度《ど》もはばたいて練習《れんしゅう》する意味《いみ》から、「ならう」意味に用いる。

**つかい方をおぼえよう**
①たくさん練習《れんしゅう》をする。
②ふく習《しゅう》をする。
③自習《じしゅう》の時間。
④先生に習《なら》う。

練習

ヨヨとしない
はねる

おくりがなの練習
（なら-う）
習う

# 集

おん　シュウ
くん　あつ-まる・あつ-める
（つど-う）

部首　隹（ふるとり）
画数　12画

**なり立ち**

多くの鳥が木の上にとまっている様子《ようす》からできた字。

**つかい方をおぼえよう**
①校庭《こうてい》に集合《しゅうごう》する。
②こん虫さい集《しゅう》をする。
③会場に集《あつ》まる。
④ノートを集《あつ》める。

練習

長く
とめる

おくりがなの練習
（あつ-まる）
集まる

（あつ-める）
集める

# 住

おん　ジュウ

くん　す-む　す-まう

部首《ぶしゅ》　亻（にんべん）

画数　7画

なり立ち

人を表《あらわ》す「亻」と、とどまる意味《いみ》と音《おん》を表す「主」を合わせた字。人がとどまることから、「すむ」意味を表す。

練習《れんしゅう》

点の打ち方に注意《ちゅうい》

丿　亻　亻'　仁　仟　住　住

おくりがなの練習

住む（す-む）

住まう（す-まう）

つかい方をおぼえよう

①住所《じゅうしょ》を書く。
②住《じゅう》みんの安全《あんぜん》。
③大きな家に住《す》む。
④学校の近くに住《す》んでいる。

# 重

おん　ジュウ・チョウ

くん　え　おも-い　かさ-ねる・かさ-なる

部首　里（さと）

画数　9画

意味

人が荷物《にもつ》をせ負《お》って立つ様子《ようす》を表し、「おもい」意味に用いる。

練習

長く

一　二　千　亓　肓　盲　垂　重　重

おくりがなの練習

重い（おも-い）

重ねる（かさ-ねる）

つかい方をおぼえよう

①体重《たいじゅう》をはかる。
②き重《ちょう》な品《しな》。
③重《おも》い荷物《にもつ》。
④重《かさ》ね着《ぎ》をする。

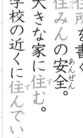

# 宿

おん　シュク
くん　やど
　　　やどーる
　　　やどーす

部首　宀（うかんむり）　　画数　11画

なり立ち

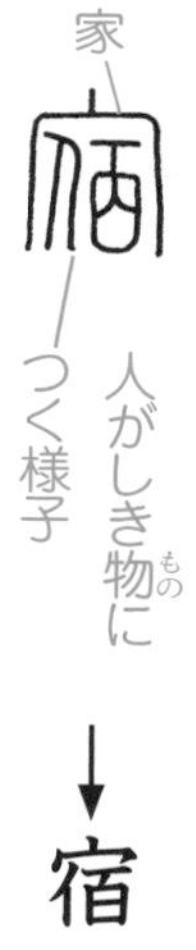

家
人がしき物につく様子
→宿

つかい方をおぼえよう
①宿題をする。
②旅館に宿はくする。
③宿にとまる。
④雨宿りをする。

## 練習

宿
まっすぐ下につける

（やどーる）
宿る

（やどーす）
宿す

おくりがなの練習

---

# 所

おん　ショ
くん　ところ

部首　戸（と）　　画数　8画

注意点
「ところが〜」「今のところ〜」
など、場所を表さない「ところ」はひらがなで書く。

つかい方をおぼえよう
①集合場所に行く。
②近所では有名だ。
③長所をのばす。
④台所でりょう理をする。

## 練習

所
戸 戸としない
はねない

一 ㇆ ㇉ 戸 戸 所 所 所

# 暑

おん　ショ
くん　あつ-い

部首《ぶしゅ》　日（ひ）
画数　12画

なり立ち
火を集めてたく意味《いみ》と音《おん》を表《あらわ》す「者」に「日」をくわえて、「あつい」意味を表す。

練習《れんしゅう》
つき出す　長く

おくりがなの練習
（あつ-い）暑い

つかい方をおぼえよう
①暑中《しょちゅう》見まいの葉書《はがき》。
②むし暑《あつ》い日。
③今年の夏は暑《あつ》い。
④暑苦《あつくる》しい。

# 助

おん　ジョ
くん　たす-ける　たす-かる　（すけ）

部首　力（ちから）
画数　7画

なり立ち
「力」と、重《かさ》ねる意味と音を表す「且」を合わせた字。力を重ねくわえることから、「たすける」意味を表す。

練習
ななめ右上の方向《ほうこう》に　はねる

おくりがなの練習
（たす-ける）助ける
（たす-かる）助かる

つかい方をおぼえよう
①きゅう助《じょ》される。
②走りはばとびの助走《じょそう》。
③こまっている人を助《たす》ける。
④手《て》つだってもらって助《たす》かる。

# 昭

おん　ショウ

くん　――

練習

昭（出さない・はねる）

部首　日（ひへん・にちへん）　画数　9画

意味

日光のあきらかなことを表し、「あきらか」の意味に用いる。

つかい方をおぼえよう

①昭和《しょうわ》の時代《じだい》。

②昭和《しょうわ》のころに流行《りゅうこう》した歌。

③昭和《しょうわ》の年号《ねんごう》。

④父は昭和《しょうわ》生まれだ。

# 消

おん　ショウ

くん　き-える　け-す

練習

消（とめる・はねる・とめない）

部首　氵（さんずい）　画数　10画

なり立ち

「氵」（水）と、へる意味と音を表す「肖」を合わせた字。水が少なくなることから、「きえる」意味を表す。

つかい方をおぼえよう

①手を消《しょう》どくする。

②消《しょう》ぼう車《しゃ》が来る。

③電気が消《き》える。

④消《け》しゴムで消《け》す。

おくりがなの練習

消える（き-える）

消す（け-す）

サ

# 商

おん　ショウ

くん　（あきな-う）

練習《れんしゅう》

商

まっすぐ下につける

八としない

部首《ぶしゅ》　口（くち）

画数　11画

**注意点**

書くときは、「冏」の部分を「冏」としないように注意《ちゅうい》する。

**つかい方をおぼえよう**

① 商売《しょうばい》をする。
② 商店《しょうてん》を開《ひら》く。
③ よく売れる商品《しょうひん》。
④ 商業《しょうぎょう》がさかんな町。

# 章

おん　ショウ

くん　―

練習

章

まっすぐ下につける

部首　立（たつ）

画数　11画

**なり立ち**

大きなはりの形

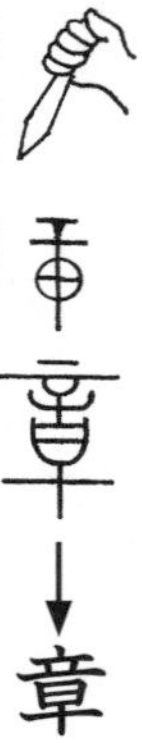

**つかい方をおぼえよう**

① 文章《ぶんしょう》を書く。
② 物語《ものがたり》の第一章《だいいっしょう》。
③ 第二楽章《だいにがくしょう》がある曲《きょく》。
④ 校章《こうしょう》をむねにつける。

# 勝

おん　ショウ

くん　か-つ
（まさ-る）

部首　カ（ちから）

画数　12画

**注意点**
部首に注意。「勝」の部首は「力（ちから）」。
"力で勝《か》つ"とおぼえる。

**練習**

勝（出す／はねる）

**おくりがなの練習**

（か-つ）勝つ

**つかい方をおぼえよう**

① ゆう勝《しょう》チーム。
② 真《しん》けんに勝負《しょうぶ》する。
③ じゃんけんに勝《か》つ。
④ 勝手《かって》なことを言わない。

# 乗

おん　ジョウ

くん　の-る
の-せる

部首　ノ（の）

画数　9画

**なり立ち**

木の上に人が立っている様子《ようす》を表《あらわ》した字。

**練習**

乗（長く／とめる）

**おくりがなの練習**

（の-る）乗る

（の-せる）乗せる

**つかい方をおぼえよう**

① バスに乗車《じょうしゃ》する。
② 乗客《じょうきゃく》によびかける。
③ 自動車《じどうしゃ》に乗《の》る。
④ 大ぜいの客《きゃく》を乗《の》せる。

サ

# 植

おん　ショク
くん　う-える　う-わる

## 練習《れんしゅう》

植（ナとしない／とめる）

一 十 オ 木 木 杧 村 村 柿 桓 植 植

部首《ぶしゅ》　木（きへん）

画数　12画

なり立ち
「木」と、まっすぐの意味《いみ》と音《おん》を表《あらわ》す「直」を合わせた字。木をまっすぐ立てることから、「うえる」意味を表す。

## おくりがなの練習

植える（う-える）
植わる（う-わる）

## つかい方をおぼえよう

① 植物《しょくぶつ》を室内で育《そだ》てる。
② たねを植《う》える。
③ 田植《たう》えをする。
④ たくさんの木が植《う》わる。

# 申

おん　（シン）
くん　もう-す

## 練習

申（出す）

丨 冂 日 日 申

部首　田（た）

画数　5画

なり立ち

せ中がまっすぐにのびた形

## おくりがなの練習

申す（もう-す）

## つかい方をおぼえよう

① 申《もう》しこみをする。
② 申《もう》し分《ぶん》がない。
③ 申《もう》しわけないことをする。
④ 申《もう》しあげる。

# 身

おん　シン
くん　み

練習

出す
はねる

部首　身（み）
画数　7画

なり立ち

人がみごもった形

↓身

つかい方をおぼえよう

①身体《しんたい》そく定《てい》。
②全身《ぜんしん》を使《つか》う。
③身長《しんちょう》がのびる。
④中身《なかみ》を調《しら》べる。

# 神

おん　シン・ジン
くん　かみ（かん）（こう）

練習

点の向《む》きに注意《ちゅうい》。ななめにはなす

部首　ネ（しめすへん）
画数　9画

意味

神《かみ》と、いなびかりをしめすことから、らい神《じん》など、「天の神」の意味を表す。

つかい方をおぼえよう

①神《しん》せいな場所《ばしょ》。
②神話《しんわ》を読む。
③神社《じんじゃ》がある。
④神様《かみさま》にいのる。

サ

# 真

おん　シン
くん　ま

練習《れんしゅう》

真　ナとしない　長く

一 十 𠂇 冇 冇 冇 直 直 真 真

部首《ぶしゅ》　目（め）
画数　10画

注意点
とくべつな読み「真《ま》っ青《さお》」「真《ま》っ赤《か》」に注意《ちゅうい》する。

つかい方をおぼえよう

①真相《しんそう》を知る。
②一まいの写真《しゃしん》。
③真《ま》っすぐに進《すす》む。
④真《ま》っ赤《か》な色。

# 深

おん　シン
くん　ふか-い・ふか-まる
ふか-める

練習

深　まげてとめる　とめる

丶 冫 氵 氵 氵 氵 氵 氵 氵 深 深

部首　氵（さんずい）
画数　11画

なり立ち
「氵」（水）と、ふかい・さぐる意味《いみ》と音《おん》を表《あらわ》す「穾」を合わせた字。水が「ふかい」意味を表す。

つかい方をおぼえよう

①深《しん》こきゅうをする。
②水深《すいしん》をはかる。
③深《ふか》い海のそこ。
④夜が深《ふか》まる。

おくりがなの練習

深い（ふか-い）

深まる（ふか-まる）

## 進

おん シン
くん すす−む
　　すす−める

部首　⻌（しんにょう・しんにゅう）　画数　11画

なり立ち　「⻌」と、鳥を意味する「隹」を合わせた字。鳥のように速く行くことを表し、「すすむ」意味を表す。

（練習）

点の向きに注意

進

ノ　イ　イ　什　什　作　隹　隹　進　進

おくりがなの練習

進む　（すす−む）

進める　（すす−める）

つかい方をおぼえよう
① 進級する。
② 出発進行。
③ 西の方角に進む。
④ 時計を進める。

---

## 世

おん セイ・セ
くん よ

部首　一（いち）　画数　5画

注意点　横とたての直線ばかりなので、書きじゅんに注意する。

（練習）

やや長く

世

おさえてから右へ

一　十　卅　廿　世

つかい方をおぼえよう
① 二十一世紀。
② 世界をまわる。
③ 世話をする。
④ 世の中の出来事。

# 整

おん　セイ

くん　ととの-える　ととの-う

部首《ぶしゅ》　攵（ぼくにょう・のぶん）

画数　16画

**なり立ち**

敕＋正＝整

（敕：いましめる　正：ただす　整：ととのえる）

**練習《れんしゅう》**

整（とめる）

**おくりがなの練習**

整える（ととの-える）

整う（ととの-う）

**つかい方をおぼえよう**

①整列《せいれつ》する。

②整理《せいり》整《せい》とん。

③調子《ちょうし》を整《ととの》える。

④じゅんびが整《ととの》う。

# 昔

おん　（セキ）・（シャク）

くん　むかし

部首　日（ひ）

画数　8画

**なり立ち**

「日」と、つみ重《かさ》ねる意味《いみ》と音《おん》を表《あらわ》す「龷」を合わせた字。日をつみ重ねることから、「むかし」の意味を表す。

**練習**

昔（長く）

**つかい方をおぼえよう**

①昔《むかし》の様子《ようす》を調《しら》べる。

②昔話《むかしばなし》を読む。

③大昔《おおむかし》の出来事《できごと》。

④昔風《むかしふう》のたて物《もの》。

# 全

おん　ゼン
くん　まった-く　すべ-て

部首　へ（ひとがしら）
画数　6画

注意点
書くときは、「王」の部分《ぶぶん》を「玉」や「エ」にしないように注意《ちゅうい》する。

つかい方をおぼえよう
①全部《ぜんぶ》食べる。
②全国《ぜんこく》で一番になる。
③全校集会《ぜんこうしゅうかい》。
④全《まった》く知らない。

練習
全（長く）
ノ 𠆢 亼 今 今 全

おくりがなの練習
全く（まった-く）
全て（すべ-て）

# 相

おん　ソウ・（ショウ）
くん　あい

部首　目（め）
画数　9画

なり立ち

目が木と向《む》かい合う様子《ようす》から、よく「みる」意味を表した字。

つかい方をおぼえよう
①友だちに相談《そうだん》する。
②相当《そうとう》寒《さむ》い。
③相手《あいて》をえらぶ。
④悪《わる》い出来事《できごと》が相次《あいつ》ぐ。

練習
相（とめる・とめる）
一 十 才 木 朩 相 相 相 相

サ

## 送

おん　ソウ
くん　おく-る

練習《れんしゅう》

出さない　とめる

送

おくりがなの練習

送る（おく-る）

部首《ぶしゅ》　辶（しんにょう・しんにゅう）　画数　9画

なり立ち

「辶」と、おくる意味《いみ》と音《おん》を表《あらわ》す「关」を合わせた字。おくって行くことから、「おくる」意味を表す。

つかい方をおぼえよう

①送《そう》べつ会《かい》を開《ひら》く。
②ラジオ放送《ほうそう》を聞く。
③荷物《にもつ》を送《おく》る。
④友だちを見送《みおく》る。

## 想

おん　ソウ・（ソ）
くん　―

練習

とめる　はねる

想

部首　心（こころ）　画数　13画

なり立ち

相＋心＝想

相―すがた・見る意味と音を表す
心―こころに形・すがたを思いうかべる

つかい方をおぼえよう

①想《そう》ぞうの出来事《できごと》。
②感想文《かんそうぶん》を書く。
③理想《りそう》の人。
④けっかを予想《よそう》する。

# 息

おん　ソク

くん　いき

練習

（はねる）

部首　心（こころ）

画数　10画

**注意点**

書くときは、「自」を「白」としないように注意《ちゅうい》する。

**つかい方をおぼえよう**

① 休息《きゅうそく》する。

② 大きく息《いき》をすう。

③ ため息《いき》をつく。

④ 息苦《いきぐる》しい。

# 速

おん　ソク

くん　はや-い・（すみ-やか）
はや-める
はや-まる

練習

（とめる）（とめる）

部首　辶（しんにょう・しんにゅう）

画数　10画

**なり立ち**

歩行を表す「辶」と、急《いそ》ぐ意味と音を表す「束」を合わせた字。道を急いでゆかせることから、「はやい」意味を表す。

**つかい方をおぼえよう**

① 速度《そくど》をはかる。

② 時速《じそく》四十キロメートル。

③ 高速道路《こうそくどうろ》。

④ 速《はや》い乗《の》り物《もの》。

**おくりがなの練習**

速い（はや-い）

速める（はや-める）

# 族

おん　ゾク
くん　―

練習《れんしゅう》

族（まっすぐ下につける）

部首《ぶしゅ》　方（ほうへん・かたへん）　画数　11画

**なり立ち**

「矢」と「㫃」とで、ぐんき（㫃）のもとに矢を集《あつ》めることを表《あらわ》し、「身内《みうち》」「なかま」の意味《いみ》に用いる。

**つかい方をおぼえよう**

① 家族《かぞく》旅行《りょこう》。
② 一族《いちぞく》が集《あつ》まる。
③ 水族館《すいぞくかん》に行く。
④ 親族《しんぞく》で話し合う。

# 他

おん　タ
くん　ほか

練習

他（長めに／角をつけずにまげて上にはねる）

部首　亻（にんべん）　画数　5画

**注意点**

「也」のつく漢字《かんじ》に注意《ちゅうい》する。
他・池・地

**つかい方をおぼえよう**

① 他人《たにん》の世話《せわ》になる。
② 他校《たこう》に行く。
③ その他《た》の答え。
④ 他県《たけん》に引っこす。

# 打

おん　ダ

くん　う-つ

部首　扌（てへん）

画数　5画

**なり立ち**

扌＋丁＝打

手

つき当たる意味と音《おん》を表す

手でうつ

**練習**

打（はねる）

一　十　扌　扌一　打

**おくりがなの練習**

打つ（う-つ）

**つかい方をおぼえよう**

① 打《だ》せきに立つ。
② 打《だ》楽《がっ》きをえんそうする。
③ くぎを打《う》つ。
④ かねを打《う》ち鳴《な》らす。

# 対

おん　タイ・（ツイ）

くん　―

部首　寸（すん）

画数　7画

**注意点**

部首が「寸（すん）」であることに注意する。

**練習**

対（とめる。文としない　はねる）

丶　亠　ナ　文　文一　対　対

**つかい方をおぼえよう**

① 四対《たい》二で勝《か》つ。
② 対《たい》決《けっ》する。
③ 反《はん》対《たい》意《い》見《けん》を言う。
④ 対《たい》さくを立てる。

サ

タ

# 待

おん　タイ

くん　まーつ

部首《ぶしゅ》　彳（ぎょうにんべん）　画数　9画

**なり立ち**

「彳」と、とどまる意味《いみ》と音《おん》を表《あらわ》す「寺」を合わせた字。道に止まって「まつ」意味を表す。

**練習《れんしゅう》**

上の横《よこ》ぼうより長く

はねる

**おくりがなの練習**

待つ（まーつ）

**つかい方をおぼえよう**

①ゆう勝《しょう》を期待《きたい》する。

②友だちをしょう待《たい》する。

③バスていで待《ま》つ。

④夏休みが待《ま》ち遠《どお》しい。

# 代

おん　ダイ・タイ

くん　かーわる　かーえる　よ・（しろ）

部首　亻（にんべん）　画数　5画

**なり立ち**

「亻」（人）と、かわる意味と音を表す「弋」を合わせた字。人が入れかわることから、「かわる」意味を表す。

**練習**

点をわすれない

はねる

**おくりがなの練習**

代わる（かーわる）

代える（かーえる）

**つかい方をおぼえよう**

①時代《じだい》がかわる。

②せん手が交代《こうたい》する。

③ごはんのお代《か》わりをする。

④千《ち》代《よ》紙《がみ》。

## 第

おん　ダイ
くん　―

はねる

部首　⺮（たけかんむり）　画数　11画

**注意点**
「弟」と形がにているので注意《ちゅうい》する。

**つかい方をおぼえよう**
① 第一《だいいち》いんしょう。
② 第三《だいさん》いになる。
③ し第《だい》に大きくなる。
④ 落第《らくだい》しないようにする。

## 題

おん　ダイ
くん　―

つき出さない
とめる

部首　頁（おおがい）　画数　18画

**注意点**
部首が「頁（おおがい）」であることに注意する。

**つかい方をおぼえよう**
① 本の題名《だいめい》。
② 問題《もんだい》に答える。
③ 話題《わだい》にのぼる。
④ 宿題《しゅくだい》をする。

タ

# 炭

おん　タン

くん　すみ

練習《れんしゅう》

人にくっつけない

部首《ぶしゅ》　火（ひ）

画数　9画

**注意点**

部首が「火（ひ）」であることに注意《ちゅうい》する。

**つかい方をおぼえよう**

① 石炭《せきたん》をもやす。
② 炭《たん》こうではたらく。
③ 炭《すみ》を使《つか》う。
④ 炭火《すみび》で肉をやく。

# 短

おん　タン

くん　みじか-い

練習

つき出さない

とめる

部首　矢（やへん）

画数　12画

**なり立ち**

「矢」と、小さい意味《いみ》と音《おん》を表《あらわ》す「豆」を合わせた字。小さい矢から、「みじかい」意味を表す。

**つかい方をおぼえよう**

① 短所《たんしょ》をなおす。
② 短時間《たんじかん》で終《お》わる。
③ 話が短《みじか》い。
④ 短《みじか》いえん筆《ぴつ》。

**おくりがなの練習**

短い（みじか-い）

# 談

おん　ダン
くん　―

練習

談（はらう）

部首　言（ごんべん）
画数　15画

なり立ち
「言」と、さっぱりしている意味と音を表す「炎」を合わせた字。しずかに「かたる」意味を表す。

つかい方をおぼえよう

①先生に相談《そうだん》する。
②面談《めんだん》の予定《よてい》。
③ざつ談《だん》をする。
④作家が対談《たいだん》する。

# 着

おん　チャク・（ジャク）
くん　き-る・き-せる
つ-く・つ-ける

練習

着（長く）

部首　⺷（ひつじ）
画数　12画

注意点
部首が「⺷（ひつじ）」であることに注意する。

つかい方をおぼえよう

①着《ちゃく》せきする。
②着地《ちゃくち》する。
③上着《うわぎ》を着《き》る。
④気持《きも》ちが落《お》ち着《つ》く。

練習

おくりがなの練習

着る（き-る）

着ける（つ-ける）

タ

# 注

おん　チュウ
くん　そそ-ぐ

練《れん》習《しゅう》

注

点の打《う》ち方に注意《ちゅうい》

長く

丶 氵 氵 氵 汁 汁 注 注

おくりがなの練習

注ぐ（そそ-ぐ）

部首《ぶしゅ》　氵（さんずい）

画数　8画

なり立ち

水を表《あらわ》す「氵」と、つける意味《いみ》と音《おん》を表す「主」を合わせた字。水を一か所《しょ》に流《なが》しこむ、「そそぐ」意味を表す。

つかい方をおぼえよう

①注文《ちゅうもん》をする。
②注意《ちゅうい》を受《う》ける。
③黒板《こくばん》に注目《ちゅうもく》する。
④コップに水を注《そそ》ぐ。

# 柱

おん　チュウ
くん　はしら

練習

柱

点の打ち方に注意

とめる

一 十 才 木 木 杧 杧 柱 柱

部首　木（きへん）

画数　9画

なり立ち

「木」と、立つ意味と音を表す「主」を合わせた字。まっすぐ立つ木、「はしら」の意味を表す。

つかい方をおぼえよう

①電柱《でんちゅう》にぶつかる。
②円柱《えんちゅう》をかく。
③柱《はしら》を立てる。
④しも柱《ばしら》をふむ。

# 丁

おん　チョウ・(テイ)

くん　―

練習

丁　しっかりはねる

一　丁

部首　一(いち)　画数　2画

なり立ち

つかい方をおぼえよう

① 丁度《ちょうど》よい。
② ほう丁《ちょう》をとぐ。
③ 豆《とう》ふ一丁《いっちょう》。
④ 二丁目《にちょうめ》四番地。

# 帳

おん　チョウ

くん　―

練習

帳　はねる

丨　冂　巾　巾丨　巾厂　巾F　巾Ε　巾E　帳

部首　巾(はばへん・きんべん)　画数　11画

なり立ち

きれを表す「巾」と、はる意味と音を表す「長」を合わせた字。しん台をおおってはる「とばり」の意味を表す。

つかい方をおぼえよう

① 手帳《てちょう》にメモをとる。
② 銀行《ぎんこう》の通帳《つうちょう》。
③ 地図帳《ちずちょう》で調《しら》べる。
④ 日記帳《にっきちょう》を開《ひら》く。

タ

# 調

おん　チョウ
くん　しら－べる　（ととの－う）（ととの－える）

部首《ぶしゅ》　言（ごんべん）
画数　15画

注意点
おくりがなに注意《ちゅうい》する。
×調らべる
○調べる

つかい方をおぼえよう
①調子《ちょうし》がよい。
②くわしく調《ちょう》さする。
③きびしい口調《くちょう》。
④本で調《しら》べる。

練習《れんしゅう》
点の打《う》ち方に注意
はねる
調

おくりがなの練習
調べる（しら－べる）

# 追

おん　ツイ
くん　お－う

部首　辶（しんにょう・しんにゅう）
画数　9画

なり立ち
「辶」と、したがう意味《いみ》と音《おん》を表《あらわ》す「𠂤」を合わせた字。あとについて行くことから、「おう」意味を表す。

つかい方をおぼえよう
①注文《ちゅうもん》を追《つい》かする。
②原いんを追《つい》きゅうする。
③あとを追《お》う。
④ねこを追《お》い出《だ》す。

練習
向《む》きとせっする場所《ばしょ》に注意
追

おくりがなの練習
追う（お－う）

# 定

おん　テイ・ジョウ

くん　さだ-める　さだ-まる　（さだ-か）

部首　宀（うかんむり）　画数　8画

**なり立ち**

家（宀）と、とどまる意味と音を表す「疋」を合わせた字で、「さだめる」意味を表す。

**練習**

定　おさえてからはらう　まっすぐ下につける

**つかい方をおぼえよう**

① 日にちを決定《けってい》する。
② 予定《よてい》を立てる。
③ ルールを定《さだ》める。
④ ねらいが定《さだ》まる。

**おくりがなの練習**

定める（さだ-める）

定まる（さだ-まる）

# 庭

おん　テイ

くん　にわ

部首　广（まだれ）　画数　10画

**注意点**

書くときは、「壬」を「壬」としないように注意する。

**練習**

庭　上の横ぼうより短《みじか》く。壬としない　まっすぐ下につける

**つかい方をおぼえよう**

① 校庭《こうてい》で遊《あそ》ぶ。
② 家庭《かてい》ほう問《もん》。
③ 庭《にわ》で犬をかう。
④ 中庭《なかにわ》がある家。

# 笛

おん　テキ
くん　ふえ

練習《れんしゅう》

笛（出す）

部首《ぶしゅ》　⺮（たけかんむり）　画数　11画

**なり立ち**

「⺮」と、息《いき》をぬき出す意味《いみ》と音《おん》を表《あらわ》す「由」を合わせた字。竹にあなをあけて作る「ふえ」を表す。

**つかい方をおぼえよう**

① 汽笛《きてき》が聞こえる。
② けい笛《てき》を鳴らす。
③ 笛《ふえ》をふく。
④ たて笛《ぶえ》の練習《れんしゅう》をする。

# 鉄

おん　テツ
くん　―

練習

鉄（とめる・出す）

部首　金（かねへん）　画数　13画

**注意点**

書くときに注意《ちゅうい》する。

× 鉃　○ 鉄

**つかい方をおぼえよう**

① 鉄《てっ》ぼうがとく意《い》だ。
② 鉄《てつ》道《どう》もけいを作る。
③ 地《ち》下《か》鉄《てつ》に乗《の》る。
④ 鉄《てつ》分《ぶん》をとる。

# 転

おん　テン

くん　ころ-がる・ころ-げる
ころ-がす・ころ-ぶ

部首　車（くるまへん）　画数　11画

意味
車りんがくるくるまわることを表した字で、「めぐる」「ころがる」意味に用いる。

練習

上の横《よこ》ぼうより長く
とめる

おくりがなの練習

転がる（ころ-がる）
転ぶ（ころ-ぶ）

つかい方をおぼえよう

①転校《てんこう》する。
②じょうずに回転《かいてん》する。
③石が転《ころ》がる。
④転《ころ》んでけがをする。

# 都

おん　ト・ツ

くん　みやこ

部首　⻖（おおざと）　画数　11画

意味
人の多く集《あつ》まる所《ところ》を表した字で、「みやこ」の意味に用いる。

練習

つき出す
⻖としない

つかい方をおぼえよう

①都会《とかい》に住《す》む。
②人口の多い都市《とし》。
③都合《つごう》を合わせる。
④古い都《みやこ》。

# 度

おん　ド・(ト)・(タク)
くん　(たび)

練習《れんしゅう》

まっすぐ下につける
とじる

部首《ぶしゅ》　广（まだれ）
画数　9画

**注意点**
部首が「广（まだれ）」であることに注意《ちゅうい》する。

**つかい方をおぼえよう**
①温度《おんど》をはかる。
②今度《こんど》はがんばる。
③せい度《ど》を決《き》める。
④げん度《ど》がある。

# 投

おん　トウ
くん　な-げる

練習

儿としない
はねる

部首　扌（てへん）
画数　7画

**注意点**
「投」には、「なげる」「なげいれる」「あたえる」「たよる」「合う」「とどまる」など、たくさんの意味《いみ》がある。

**つかい方をおぼえよう**
①野球《やきゅう》の投手《とうしゅ》。
②ボールを投《な》げる。
③わ投《な》げをする。
④池に石を投《な》げる。

おくりがなの練習

（な-げる）
投げる

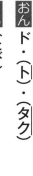

# 豆

おん　トウ・ズ
くん　まめ

練習

長く

部首　豆（まめ）
画数　7画

なり立ち
ふたつきで長い足のあるうつわ

つかい方をおぼえよう
①なっ豆《とう》を食べる。
②大《だい》豆《ず》を育《そだ》てる。
③豆《まめ》をつまむ。
④豆《まめ》電《でん》球《きゅう》をつける。

# 島

おん　トウ
くん　しま

練習

はねる

部首　山（やま）
画数　10画

注意点
「鳥」と形がにているので、注意する。

つかい方をおぼえよう
①半島《はんとう》を一しゅうする。
②む人島《じんとう》で遊《あそ》ぶ。
③島《しま》のくらし。
④小島《こじま》が見える。

# 湯

おん　トウ

くん　ゆ

## 練習《れんしゅう》

横《よこ》ぼうをわすれない。昜ではない

はねる

部首《ぶしゅ》　氵（さんずい）

画数　12画

### なり立ち

水を表《あらわ》す「氵」と、「あがる」意味《いみ》と音《おん》を表す「昜」を合わせた字。わきあがるあつい水、「ゆ」を表す。

### つかい方をおぼえよう

① ねっ湯《とう》を注《そそ》ぐ。
② お湯《ゆ》で顔をあらう。
③ 湯《ゆ》飲《の》み茶わん。
④ 湯《ゆ》気《げ》が立つ。

# 登

おん　トウ・ト

くん　のぼ-る

## 練習

長く

## おくりがなの練習

登る（のぼ-る）

部首　癶（はつがしら）

画数　12画

### なり立ち

↓

登

### つかい方をおぼえよう

① 朝早く登校《とうこう》する。
② 主人公《しゅじんこう》の登場《とうじょう》。
③ 登山《とざん》をする。
④ 高い山に登《のぼ》る。

# 等

おん　トウ

くん　ひと-しい

部首　⺮（たけかんむり）

画数　12画

**なり立ち**

「⺮」と、そろえる意味と音を表す「寺」を合わせた字。竹《ちく》かんをそろえ整《ととの》える意味から「ひとしい」を表す。

**つかい方をおぼえよう**

① 等分《とうぶん》にする。

② 上等《じょうとう》な品《しな》。

③ 高等《こうとう》学校。

④ どちらも等《ひと》しい。

**練習**

等　長く　はねる

ノ　ト　ト　ケ　ケ　ケ　竹　竺　笙　笙　等　等

**おくりがなの練習**

等しい（ひと-しい）

# 動

おん　ドウ

くん　うご-く　うご-かす

部首　力（ちから）

画数　11画

**なり立ち**

上下《じょうげ》に動《うご》かす

↓

動

**つかい方をおぼえよう**

① 動物園《どうぶつえん》に行く。

② 落《お》ち着《つ》いて行動《こうどう》する。

③ 電車が動《うご》く。

④ 物《もの》を動《うご》かす。

**練習**

動　ななめ右上の方向《ほうこう》に　はねる

一　ニ　千　斤　亘　重　重　重　動　動

**おくりがなの練習**

動く（うご-く）

動かす（うご-かす）

タ

# 童

おん　ドウ

くん　（わらべ）

練習《れんしゅう》

まっすぐ下につける

上の横《よこ》ぼうより長く

部首《ぶしゅ》　立（たつ）

画数　12画

**注意点**

部首が「立（たつ）」であることに注意《ちゅうい》する。

**つかい方をおぼえよう**

① 童話《どうわ》の作家。

② 全校《ぜんこう》じ童《どう》が集《あつ》まる。

③ 学童《がくどう》クラブ。

④ 童《どう》ようを歌う。

# 農

おん　ノウ

くん　――

練習

出す

はらう

はねる

部首　辰（しんのたつ）

画数　13画

**注意点**

部首が「辰（しんのたつ）」であることに注意する。

**つかい方をおぼえよう**

① 農家《のうか》の仕事《しごと》。

② 農業《のうぎょう》をいとなむ。

③ 大きな農場《のうじょう》。

④ 農作物《のうさくぶつ》をしゅうかくする。

# 波

おん　ハ
くん　なみ

練習

波（フとしない）

部首　氵（さんずい）　画数　8画

**なり立ち**
「氵」（水）と、かたむく意味《いみ》と音《おん》を表《あらわ》す「皮」を合わせた字。水面《すいめん》がかたむく「なみ」を表す。

**つかい方をおぼえよう**
① 電波《でんぱ》を発《はっ》する。
② 波乗《なみの》りをする。
③ 波間《なみま》にうかぶ。
④ 波打《なみう》ちぎわで遊《あそ》ぶ。

# 配

おん　ハイ
くん　くば-る

練習

配（西としない・あける）

部首　酉（とりへん）　画数　10画

**注意点**
部首「酉」を「西」としないように注意する。

**つかい方をおぼえよう**
① 商品《しょうひん》を配《はい》たつする。
② 心配《しんぱい》はいらない。
③ 紙を配《くば》る。
④ 気《き》配《くば》りをする。

おくりがなの練習

配る（くば-る）

タ　ナ　ハ

# 倍

おん　バイ
くん　—

練習《れんしゅう》

倍

まっすぐ下につける

部首《ぶしゅ》　亻（にんべん）
画数　10画

**注意点**

「部」と形がにているので注意《ちゅうい》する。

**つかい方をおぼえよう**

①三倍《さんばい》の重《おも》さがある。
②二の倍数《ばいすう》。
③高い倍《ばい》りつ。
④人一倍《ひといちばい》がんばる。

# 箱

おん　—
くん　はこ

練習

箱

とめる

部首　⺮（たけかんむり）
画数　15画

**意味**

車の両《りょう》がわにつけた竹の入れ物《もの》を表《あらわ》し、物を入れる「はこ」の意味《いみ》に用いる。

**つかい方をおぼえよう**

①箱《はこ》の中身《なかみ》。
②筆箱《ふでばこ》を買う。
③薬箱《くすりばこ》を開《あ》ける。
④本箱《ほんばこ》にしまう。

# 畑

おん　―

くん　はた　はたけ

練習

点の打《う》ち方に注意

とめる

部首　田（た）

画数　9画

**意味**

水田に対《たい》し、やいて開《ひら》いた火田《かでん》、「はたけ」の意味を表す。

**つかい方をおぼえよう**

①田畑《たはた》をたがやす。
②畑仕事《はたけしごと》をする。
③広いむぎ畑《ばたけ》。
④花畑《はなばたけ》で写真《しゃしん》をとる。

# 発

おん　ハツ・（ホツ）

くん　―

練習

角をつけずにまげて上にはねる

部首　癶（はつがしら）

画数　9画

**注意点**

部首「癶（はつがしら）」の書きじゅんに注意する。

**つかい方をおぼえよう**

①新しい発明《はつめい》。
②出発《しゅっぱつ》する。
③意見《いけん》を発表《はっぴょう》する。
④けむりが発生《はっせい》する。

ハ

# 反

おん　ハン・(ホン)・(タン)
くん　そ-る　そ-らす

練習《れんしゅう》

つける

一　厂　万　反

部首《ぶしゅ》　又(また)　画数　4画

なり立ち
おおいを表《あらわ》す「厂」と、手を表す「又」を合わせた字。手でおおいをおしかえすことから、「かえる」意味《いみ》を表す。

おくりがなの練習

反る(そ-る)

反らす(そ-らす)

つかい方をおぼえよう
①反対《はんたい》される。
②深《ふか》く反《はん》せいする。
③板《いた》が反《そ》る。
④むねを反《そ》らす。

# 坂

おん　(ハン)
くん　さか

練習

つける
ななめ右上の方向《ほうこう》に

一　十　土　圵　圻　坜　坂

部首　土(つちへん・どへん)　画数　7画

なり立ち
「土」と、かたむきという意味と音《おん》を表す「反」を合わせた字。けいしゃ地、「さか」の意味を表す。

つかい方をおぼえよう
①坂《さか》をかけ上がる。
②坂道《さかみち》を歩く。
③この先は下《くだ》り坂《ざか》だ。
④坂《さか》の上の公園。

# 板

おん　ハン・バン
くん　いた

## 練習

板
（つける・とめる）

一 十 才 木 朾 析 板 板

部首　木（きへん）
画数　8画

### なり立ち

「木」と、平《ひら》たい意味と音を表す「反」を合わせた字。平たい木、「いた」の意味を表す。

### つかい方をおぼえよう

①黒板《こくばん》に字を書く。
②かん板《ばん》をかかげる。
③板《いた》をけずる。
④板前《いたまえ》になる。

# 皮

おん　ヒ
くん　かわ

## 練習

皮
（つき出す・つにしない）

丿 厂 广 皮 皮

部首　皮（けがわ・ひのかわ）
画数　5画

### なり立ち

頭のついたけものの皮《かわ》を手ではぎ取《と》る様子《ようす》を表した字。

### つかい方をおぼえよう

①かたい皮《ひ》ふ。
②皮肉《ひにく》を言う。
③りんごの皮《かわ》をむく。
④毛皮《けがわ》のコート。

ハ

# 悲

おん　ヒ
くん　かな-しい　かな-しむ

練習《れんしゅう》

悲（まっすぐ　はねる）

おくりがなの練習

悲しい（かな-しい）
悲しむ（かな-しむ）

部首《ぶしゅ》　心（こころ）

画数　12画

なり立ち
「心」と、そむく意味《いみ》と音《おん》を表《あらわ》す「非」を合わせた字。心の思いに反《はん》する気持《きも》ちから、「かなしみ」の意味を表す。

つかい方をおぼえよう
①悲鳴《ひめい》が聞こえる。
②悲《ひ》げきのヒーロー。
③悲《かな》しい物語《ものがたり》。
④わかれを悲《かな》しむ。

# 美

おん　ビ
くん　うつく-しい

練習

美（⺷と大に分けて書く）

おくりがなの練習

美しい（うつく-しい）

部首　⺷（ひつじ）

画数　9画

注意点
書くときは、「⺷」と「大」に分かれることに注意《ちゅうい》する。

つかい方をおぼえよう
①美《び》よう院《いん》へ行く。
②美《び》じゅつ館《かん》で絵を見る。
③美《うつく》しい音色。
④美《うつく》しさに見とれる。

# 鼻

おん (ビ)
くん はな

練習

鼻

出す

部首 鼻（はな）

画数 14画

**注意点**

書くときは、「自」の部分《ぶぶん》を「白」としないように注意する。

**つかい方をおぼえよう**

① 鼻水《はなみず》が出る。
② 鼻歌《はなうた》を口ずさむ。
③ 鼻声《はなごえ》になる。
④ 鼻血《はなぢ》が出る。

# 筆

おん ヒツ
くん ふで

練習

筆

すぐ上の横《よこ》ぼうより長く

部首 ⺮（たけかんむり）

画数 12画

**なり立ち**

「⺮」と、手にふでを持《も》つ意味と音を表す「聿」を合わせた字。竹の「ふで」の意味を表す。

**つかい方をおぼえよう**

① 筆記《ひっき》用具《ようぐ》。
② 筆算《ひっさん》をする。
③ 筆《ふで》を使《つか》う。
④ 絵筆《えふで》をにぎる。

# 氷

おん　ヒョウ

くん　こおり
（ひ）

## 練習《れんしゅう》

点　あける

部首《ぶしゅ》　水（みず）

画数　5画

**注意点**

「こうり」ではなく「こおり」と書くことに注意《ちゅうい》する。

**つかい方をおぼえよう**

① 気温《きおん》が氷点下《ひょうてんか》まで下がる。
② 流氷《りゅうひょう》を見る。
③ 氷《こおり》まくらを使《つか》う。
④ かき氷《ごおり》を食べる。

# 表

おん　ヒョウ

くん　おもて
あらわ-す
あらわ-れる

## 練習

長く　はねる　くとしない。はらう

部首　衣（ころも）

画数　8画

**注意点**

部首が「衣（ころも）」であることに注意する。

**つかい方をおぼえよう**

① 本の表紙《ひょうし》がぬれる。
② 服《ふく》のうら表《おもて》をたしかめる。
③ グラフに表《あらわ》す。
④ おどろきが顔に表《あらわ》れる。

## おくりがなの練習

表す（あらわ-す）

表れる（あらわ-れる）

# 秒

おん　ビョウ

くん　——

部首　禾（のぎへん）　画数　9画

**注意点**

書くときは、「少」を「小」としないように注意する。

**練習**

秒（はねる・とめる）

**つかい方をおぼえよう**

①三十秒《さんじゅうびょう》待《ま》つ。

②時計《とけい》の秒《びょう》しん。

③秒読《びょうよ》みを始《はじ》める。

④電車の秒速《びょうそく》を調《しら》べる。

# 病

おん　ビョウ・（ヘイ）

くん　（や-む）　やまい

部首　疒（やまいだれ）　画数　10画

**なり立ち**

「疒」と、くわわる意味《いみ》と音《おん》を表《あらわ》す「丙」を合わせた字。やまいが重《おも》くなる意味を表す。

**練習**

病（まっすぐ下につける・はねる）

**つかい方をおぼえよう**

①病気《びょうき》をなおす。

②病院《びょういん》へ行く。

③病弱《びょうじゃく》な体しつ。

④病《やまい》にかかる。

# 品

おん　ヒン
くん　しな

練習《れんしゅう》

品

上の口はやや大きめに

部首《ぶしゅ》　口（くち）

画数　9画

なり立ち

物《もの》の意味《いみ》を表《あらわ》す「口」を三つ合わせて、「多くの物」の意味を表す。

つかい方をおぼえよう

①図工の作品《さくひん》。
②おもちゃの部品《ぶひん》。
③デパートの品物《しなもの》。
④手品《てじな》を見る。

# 負

おん　フ
くん　ま-ける　ま-かす　お-う

練習

負

刀にしない
とめる

部首　貝（かい）

画数　9画

注意点

「負《ま》け」の対語《たいご》は「勝《か》ち」。「負《ふ》」の対語は「正《せい》」。

つかい方をおぼえよう

①負《ふ》たんがかかる。
②勝負《しょうぶ》をいどむ。
③けんかに負《ま》ける。
④リュックをせ負《お》う。

おくりがなの練習

負ける（ま-ける）

負う（お-う）

# 部

おん　ブ
くん　―

練習

まっすぐ下につける

部首　阝（おおざと）　画数　11画

注意点
とくべつな読み「部屋《へや》」に注意《ちゅうい》する。

つかい方をおぼえよう

① 北部《ほくぶ》に住《す》む。
② 車の部品《ぶひん》を作る。
③ 漢字《かんじ》の部首《ぶしゅ》を調《しら》べる。
④ 朝ごはんを全部《ぜんぶ》食べる。

# 服

おん　フク
くん　―

練習

一にしない
はねる
とめる

部首　月（つきへん）　画数　8画

注意点
「服」はこな薬《くすり》や茶を飲《の》む回数を数えるときの言葉《ことば》として使《つか》われる。れい：一服《いっぷく》　二服《にふく》

つかい方をおぼえよう

① きちんとした服《ふく》そう。
② 洋服《ようふく》を着《き》る。
③ 冬服《ふゆふく》を用意する。
④ 薬《くすり》を服用《ふくよう》する。

ハ

# 福

おん　フク

くん　―

練習《れんしゅう》

福

点の打《う》ち方に注意

部首《ぶしゅ》　礻（しめすへん）

画数　13画

注意点

部首が「衤（ころもへん）」ではなく、「礻（しめすへん）」であることに注意《ちゅうい》する。

つかい方をおぼえよう

① デパートの福引《ふくび》きをする。
② 大福《だいふく》を食べる。
③ 幸福《こうふく》なくらし。
④ 福《ふく》ぶくろを買う。

# 物

おん　ブツ・モツ

くん　もの

練習

物

とめる　はねる

部首　牜（うしへん）

画数　8画

注意点

「牜（うしへん）」と「牛《うし》」では書きじゅんがちがうので注意する。

つかい方をおぼえよう

① 動物《どうぶつ》を育《そだ》てる。
② 荷物《にもつ》をあずける。
③ 物語《ものがたり》を読む。
④ 着物《きもの》をたたむ。

# 平

おん　ヘイ・ビョウ

くん　たい-ら　ひら

部首　干（かん・いちじゅう）　画数　5画

なり立ち

水面《すいめん》にひらたくうかんでいる水草の形

↓平

練習

出さない

上の横《よこ》ぼうより長く

おくりがなの練習

平ら（たい-ら）

つかい方をおぼえよう

①平和《へいわ》をねがう。

②平等《びょうどう》にあつかう。

③平《たい》らな土地。

④平泳《ひらおよ》ぎを練習《れんしゅう》する。

# 返

おん　ヘン

くん　かえ-す　かえ-る

部首　辶（しんにょう・しんにゅう）　画数　7画

なり立ち

道を表《あらわ》す「辶」と、かえる意味《いみ》と音《おん》を表す「反」を合わせた字。来た道をひきかえす意味を表す。

練習

つける

おくりがなの練習

返す（かえ-す）

返る（かえ-る）

つかい方をおぼえよう

①大きな声で返事《へんじ》をする。

②品物《しなもの》を返品《へんぴん》する。

③かりた本を返《かえ》す。

④ね返《がえ》りをうつ。

ハ

# 勉

おん ベン
くん ―

部首《ぶしゅ》 力（ちから）
画数 10画

注意点
部首が「力（ちから）」であることに注意《ちゅうい》する。

練習《れんしゅう》

はねる

ノ ⺈ 𠂊 ⺈ ⺈ 缶 缶 免 免 勉

つかい方をおぼえよう
①学校で勉強《べんきょう》する。
②勉強《べんきょう》づくえをもらう。
③勉学《べんがく》の楽しさを知る。
④きん勉《べん》な人。

# 放

おん ホウ
くん はな-す・ほう-る
はな-つ
はな-れる

部首 攵（ぼくにょう・のぶん）
画数 8画

注意点
部首が「攵（ぼくにょう・のぶん）」であることに注意する。

練習

亅としない

丶 亠 方 方 方 於 放 放

つかい方をおぼえよう
①放送係《ほうそうがかり》になる。
②放水車《ほうすいしゃ》が走る。
③牛を草原に放《はな》す。
④ドアを開《あ》け放《はな》つ。

おくりがなの練習

放す（はな-す）

放れる（はな-れる）

# 味

おん　ミ
くん　あじ
あじ-わう

練習

上の横《よこ》ぼうより長く
とめる

味（8画の書き順）

おくりがなの練習

味わう（あじ-わう）

部首　ロ（くちへん）
画数　8画

なり立ち
音《おん》を表《あらわ》す「未」は「美《び》」の意味《いみ》を持《も》つ。口に美《うつく》しいと感《かん》じること、「あじわう」意味を表す。

つかい方をおぼえよう

①友人の味方《みかた》をする。
②言葉《ことば》の意味《いみ》を調《しら》べる。
③味《あじ》見《み》をする。
④味《あじ》わって食べる。

# 命

おん　メイ・（ミョウ）
くん　いのち

練習

はねる
はねない

命（8画の書き順）

部首　ロ（くち）
画数　8画

注意点
部首が「ロ（くち）」であることに注意する。

つかい方をおぼえよう

①命《めい》れいを聞く。
②生《せい》命《めい》のたん生。
③命《いのち》を大切にする。
④命《いのち》知《し》らず。

ハ
マ

# 面

おん　メン
くん　（おも）（おもて）（つら）

練習《れんしゅう》

ノの場所《ばしょ》と向《む》きに注意《ちゅうい》

部首《ぶしゅ》　面（めん）
画数　9画

なり立ち

首の形（かみの毛い外《がい》）をりんかく線でかこんで、人の「顔」を表《あらわ》す。

つかい方をおぼえよう

①面会《めんかい》に来る。
②面《めん》せきを計算する。
③表面《ひょうめん》のきず。
④画面《がめん》を見る。

# 問

おん　モン
くん　と-う　と-い　とん

練習

はねる
とめる

部首　口（くち）
画数　11画

なり立ち

「口」と、引き出す意味《いみ》と音《おん》を表す「門」を合わせた字。たずねて聞き出す意味を表す。

つかい方をおぼえよう

①問題《もんだい》をとく。
②しつ問《もん》をする。
③問《と》いかける。
④食《しょく》りょう品《ひん》の問屋《とんや》。

おくりがなの練習

問う（と-う）
問い（と-い）

# 役

おん　ヤク・（エキ）
くん　―

練習

つける
上にはねる

部首　彳（ぎょうにんべん）　画数　7画

意味
ぶきを持《も》ち見まわりしてけいかいすることを表したことから、「つとめ」の意味を表す。

つかい方をおぼえよう

① 役《やく》に立つ。
② 役《やく》目《め》が終《お》わる。
③ 主《しゅ》役《やく》をえんじる。
④ 役《やく》所《しょ》ではたらく人。

# 薬

おん　ヤク
くん　くすり

練習

点を打《う》つ向《む》きに注意
とめる

部首　艹（くさかんむり）　画数　16画

なり立ち
昔《むかし》は、草から薬《くすり》を作っていたので、「艹（くさかんむり）」を用いる。

つかい方をおぼえよう

① 花火の火《か》薬《やく》。
② 薬《やっ》局《きょく》に行く。
③ 薬《くすり》を飲《の》む。
④ 目《め》薬《ぐすり》をさす。

# 由

おん　ユ・ユウ・(ユイ)
くん　(よし)

練習《れんしゅう》

由（出す）

部首《ぶしゅ》　田（た）

画数　5画

なり立ち

首の細い酒《さか》つぼの形

↓由

つかい方をおぼえよう

① 由来《ゆらい》を調《しら》べる。
② 駅《えき》をけい由《ゆ》する。
③ 理由《りゆう》をのべる。
④ 自由《じゆう》行動《こうどう》をとる。

# 油

おん　ユ
くん　あぶら

練習

油（出す）

部首　氵（さんずい）

画数　8画

意味

水がなめらかでゆったりしていることを表《あらわ》し、「あぶら」の意味《いみ》に用いる。

つかい方をおぼえよう

① 石油《せきゆ》ストーブ。
② 油田《ゆでん》開発《かいはつ》。
③ 油《あぶら》をぬる。
④ 油絵《あぶらえ》をかく。

# 有

おん　ユウ・(ウ)

くん　あ-る

部首　月（つき）

画数　6画

**注意点**

書きじゅんに注意《ちゅうい》する。「右」と同じで、「ノ」から書き始《はじ》める。

**つかい方をおぼえよう**

① 有名《ゆうめい》な場所《ばしょ》。

② 有《ゆう》りょう道路《どうろ》。

③ 有力《ゆうりょく》な人物《じんぶつ》。

④ そう庫《こ》に品物《しなもの》が有《あ》る。

**練習**

有（とめる・はねる）

ノ　ナ　ヤ　有　有　有

**おくりがなの練習**

有る（あ-る）

# 遊

おん　ユウ・(ユ)

くん　あそ-ぶ

部首　辶（しんにょう・しんにゅう）

画数　12画

**注意点**

「辶」の書きじゅんはさい後になることに注意する。

**つかい方をおぼえよう**

① 遊歩道《ゆうほどう》を歩く。

② 遊園地《ゆうえんち》に行く。

③ 公園で遊《あそ》ぶ。

④ 遊《あそ》び友だち。

**練習**

遊（まっすぐ下につける・はねる）

丶　亠　方　方　方　扩　於　斿　斿　游　游　遊

**おくりがなの練習**

遊ぶ（あそ-ぶ）

# 予

おん　ヨ

くん　―

練習《れんしゅう》

了ではない

はねる

部首《ぶしゅ》　亅（はねぼう）

画数　4画

なり立ち

機《はた》の横糸《よこいと》を通す道具《どうぐ》の形

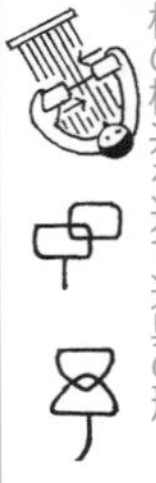

↓予

つかい方をおぼえよう

①予定《よてい》を考える。

②予習《よしゅう》をする。

③かぜを予《よ》ぼうする。

④予想《よそう》が外れる。

# 羊

おん　ヨウ

くん　ひつじ

練習

つき出さない

上の二本より長く

部首　羊（ひつじ）

画数　6画

なり立ち

おもに後ろ向《む》きに出て曲《ま》がる角を持《も》つものの頭

↓羊

つかい方をおぼえよう

①羊《よう》かんを食べる。

②羊毛《ようもう》のセーター。

③羊《ひつじ》をかう。

④羊《ひつじ》かいの少年の話。

# 洋

おん　ヨウ

くん　―

練習

部首　氵（さんずい）

画数　9画

**注意点**

書くときは、「汗」「浄」としないように注意《ちゅうい》する。

**つかい方をおぼえよう**

① 洋服《ようふく》をかえる。

② 洋風《ようふう》の家。

③ 洋食《ようしょく》を作る。

④ 西洋《せいよう》の文化《ぶんか》。

# 葉

おん　ヨウ

くん　は

練習

部首　艹（くさかんむり）

画数　12画

**なり立ち**

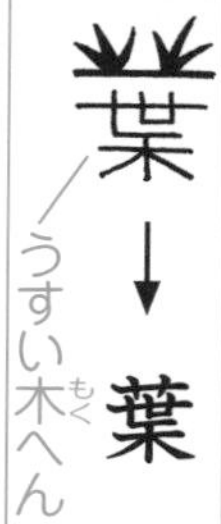


**つかい方をおぼえよう**

① こう葉《よう》のきせつ。

② 茶の葉《は》をつむ。

③ 小さなわか葉《ば》が生える。

④ 落《お》ち葉《ば》がつもる。

ヤ・ラ・ワ

# 陽

おん　ヨウ
くん　——

練習《れんしゅう》

陽
阝としない
はねる

部首《ぶしゅ》　阝（こざとへん）　画数　12画

**意味**

「阝」（山）と、日がのぼる意味《いみ》と音《おん》を表《あらわ》す「昜」とで、山の太陽《たいよう》のあたるそく面《めん》を表し、そのまま「太陽」の意味に用いる。

**つかい方をおぼえよう**

① 太陽《たいよう》がまぶしい。
② 陽気《ようき》なせいかく。
③ 太陽《たいよう》けい。
④ 陽気《ようき》で明るい人。

# 様

おん　ヨウ
くん　さま

練習

様
とめる
はねる

部首　木（きへん）　画数　14画

**注意点**

「このような」「ゆめのような」などの場合は、ひらがなで書く。

**つかい方をおぼえよう**

① 落《お》ち着《つ》いた様子《ようす》。
② 国の王様《おうさま》。
③ お客様《きゃくさま》にお茶を出す。
④ 神様《かみさま》を祭《まつ》る。

# 落

おん　ラク

くん　お-ちる　お-とす

部首　艹（くさかんむり）　画数　12画

**なり立ち**

「艹」と、おりてくる意味と音を表す「洛」を合わせた字。草木の葉《は》がおちる様子《ようす》から「おちる」「おとす」意味。

**つかい方をおぼえよう**

①だん落《らく》で区切《くぎ》る。
②荷物《にもつ》が落下《らっか》する。
③葉が落《お》ちる。
④落《お》とし物《もの》をする。

**練習**

艹の下に書く。落としない

落

**おくりがなの練習**

（お-ちる）落ちる

（お-とす）落とす

# 流

おん　リュウ・（ル）

くん　なが-れる　なが-す

部首　氵（さんずい）　画数　10画

**注意点**

書くときは、「氵」を「冫」としないように注《ちゅう》意《い》する。

**つかい方をおぼえよう**

①流行《りゅうこう》の服《ふく》。
②流氷《りゅうひょう》を見に行く。
③音楽が流《なが》れる。
④水を流《なが》す。

**練習**

まっすぐ下につける

流

角をつけずにまげて上にはねる

**おくりがなの練習**

（なが-れる）流れる

（なが-す）流す

# 旅

おん　リョ

くん　たび

練習《れんしゅう》

旅（はねる・とめる）

部首《ぶしゅ》　方（ほうへん・かたへん）

画数　10画

**なり立ち**

はたの下に多くの人が集《あつ》まった様《よう》子《す》からできた字。

**つかい方をおぼえよう**

① 旅行《りょこう》に行く。
② 旅客《りょきゃく》を乗《の》せる。
③ 船で旅《たび》に出る。
④ 外国へ旅《たび》立《だ》つ。

# 両

おん　リョウ

くん　―

練習

両（とめる・はねる）

部首　一（いち）

画数　6画

**意味**

対《つい》になっている二つのものの意味《いみ》。

**つかい方をおぼえよう**

① 両《りょう》手《て》を上にあげる。
② 両方《りょうほう》の物《もの》を取《と》る。
③ 両《りょう》がわを見る。
④ 両面《りょうめん》に書く。

# 緑

おん　リョク・(ロク)

くん　みどり

練習

緑

とめる　はねる

部首　糸(いとへん)

画数　14画

注意点

「線」と形がにているので注意《ちゅうい》する。

つかい方をおぼえよう

① 緑茶《りょくちゃ》を飲《の》む。

② 新緑《しんりょく》の時期《じき》。

③ 緑《みどり》の多い町。

④ 緑色《みどりいろ》の絵《え》の具《ぐ》。

# 礼

おん　レイ・(ライ)

くん　―

練習

礼

角をつけずにまげて上にはねる

とめる

部首　ネ(しめすへん)

画数　5画

なり立ち

そなえ物《もの》をもり、神《かみ》をまつる祭礼《さいれい》を表《あらわ》すことから、ぎ礼《れい》の意味を表す。

つかい方をおぼえよう

① 礼《れい》をする。

② お礼《れい》を言う。

③ しつ礼《れい》なたい度《ど》。

④ 朝礼《ちょうれい》に出る。

# 列

おん　レツ
くん　——

## 練習《れんしゅう》

列（はねる・はらう）

一　ア　歹　歹　歹　列

部首《ぶしゅ》　刂（りっとう）
画数　6画

注意点
部首が「刂（りっとう）」であることに注意《ちゅうい》する。

つかい方をおぼえよう
① 列《れつ》にならぶ。
② 整列《せいれつ》する。
③ 行列《ぎょうれつ》ができる。
④ 列車《れっしゃ》に乗《の》る。

# 練

おん　レン
くん　ね-る

## 練習

練（つき出さない・とめる）

く　幺　幺　糸　糸　糸　紅　紅　絅　絅　絅　紳　紳　練

部首　糸（いとへん）
画数　14画

注意点
「東」の部分《ぶぶん》を「東」としないように注意する。

つかい方をおぼえよう
① 練習問題《れんしゅうもんだい》をとく。
② くん練《れん》を受《う》ける。
③ 合同練習《れんしゅう》。
④ 計画を練《ね》る。

## おくりがなの練習

練る（ね-る）

# 路

おん　ロ

くん　じ

練習

路

くっつけない

部首　𧾷（あしへん）

画数　13画

**なり立ち**

「足」と、つらねる意味《いみ》と音《おん》を表《あらわ》す「各」を合わせた字。足でふみつらねる「みち」の意味を表す。

**つかい方をおぼえよう**

① 道《どう》路《ろ》をわたる。
② 路《ろ》地《じ》うらで遊《あそ》ぶ。
③ 通《つう》学《がく》路《ろ》を歩く。
④ 長い旅《たび》路《じ》。

# 和

おん　ワ・（オ）

くん　（やわ-らぐ）・（やわ-らげる）・（なご-む）・（なご-やか）

練習

和

とめる

短《みじか》くとめる

部首　口（くち）

画数　8画

**注意点**

「和」は日本の意味もある。対語《たいご》は「洋」。

和服《わふく》↕洋服《ようふく》　和食↕洋食

**つかい方をおぼえよう**

① 和《わ》室《しつ》でねる。
② 平《へい》和《わ》な世《せ》界《かい》。
③ 和《わ》紙《し》をおる。
④ 和《わ》食《しょく》の店。

# 1 学年そうふく習《しゅう》ドリル①

1 ——部の読みがなを書きましょう。（1問《もん》4点／5問）

① 鉄橋をわたる。

② 太陽の光を当てる。

③ 短い線を書く。

④ 住所と名前を書く。

⑤ 四年生に進級する。

2 ——部の読みがなを書きましょう。（1問4点／5問）

① 兄に相談をする。

② 明日の予定を立てる。

③ 筆記用具をしまう。

④ グラウンドに整列する。

⑤ 乗客に知らせる。

答え→さいごのページ

点

3 次の□に当てはまる漢字《かんじ》を書きましょう。（1問5点／6問）

① 店に□□《しょうひん》がならぶ。

② □□《じじつ》をつたえる。

③ □《みずうみ》のある町。

④ □《さら》をならべる。

⑤ □□《へいわ》をねがう。

⑥ □□《せかい》の国。

4 次の□に当てはまる漢字を書きましょう。（1問5点／6問）

① □□《しょうぶ》をする。

② □□《やきゅう》のし合。

③ □《はこ》の中にしまう。

④ □□《ぜんいん》そろう。

⑤ 朝早く□□《しゅうごう》する。

⑥ きびしい□□《れんしゅう》をする。

# 2 学年そうふく習《しゅう》ドリル②

1 ——部の読みがなを書きましょう。（1問《もん》4点／5問）

① 病院に見まいに行く。（　）

② 大使館に行く。（　）

③ 海の研究をする。（　）

④ 終業式に出る。（　）

⑤ 楽しそうな様子だ。（　）

2 ——部の読みがなを書きましょう。（1問4点／5問）

① 期待にこたえる。（　）

② 高速道路を走る。（　）

③ 表面をけずる。（　）

④ 反対意見を言う。（　）

⑤ コップに水を注ぐ。（　）

答え→さいごのページ

点

3 次の□に当てはまる漢字《かんじ》を書きましょう。（1問5点／6問）

① あまい□《あじ》がする。

② □《か》□《ぞく》□《りょ》□《こう》に行く。

③ □《よう》□《ふく》をたたむ。

④ □《えき》□《まえ》にある店。

⑤ □《に》□《かい》に上がる。

⑥ □《よこ》□《む》きにおく。

---

4 次の□に当てはまる漢字を書きましょう。（1問5点／6問）

① □《こう》□《てい》の花だん。

② □《さむ》さに弱い。

③ □《しょく》□《ぶつ》をかんさつする。

④ □《しゃ》□《しん》をとる。

⑤ □《じん》□《じゃ》の前を通る。

⑥ □《おん》□《ど》を計る。

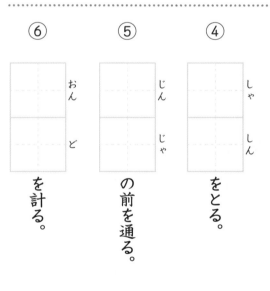

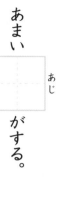

# 習《なら》う漢字《かんじ》

| | | | | | | | | | |
|---|---|---|---|---|---|---|---|---|---|
| 昭 | 拾 | 式 | 仕 | 県 | 銀 | 究 | 開 | 運 | 悪 |
| 消 | 終 | 実 | 死 | 庫 | 区 | 急 | 階 | 泳 | 安 |
| 商 | 習 | 写 | 使 | 湖 | 苦 | 級 | 寒 | 駅 | 暗 |
| 章 | 集 | 者 | 始 | 向 | 具 | 宮 | 感 | 央 | 医 |
| 勝 | 住 | 主 | 指 | 幸 | 君 | 球 | 漢 | 横 | 委 |
| 乗 | 重 | 守 | 歯 | 港 | 係 | 去 | 館 | 屋 | 意 |
| 植 | 宿 | 取 | 詩 | 号 | 軽 | 橋 | 岸 | 温 | 育 |
| 申 | 所 | 酒 | 次 | 根 | 血 | 業 | 起 | 化 | 員 |
| 身 | 暑 | 受 | 事 | 祭 | 決 | 曲 | 期 | 荷 | 院 |
| 神 | 助 | 州 | 持 | 皿 | 研 | 局 | 客 | 界 | 飲 |

# ３年生で

| | | | | | | | | | |
|---|---|---|---|---|---|---|---|---|---|
| 落 | 由 | 平 | 氷 | 畑 | 湯 | 定 | 炭 | 息 | 真 |
| 流 | 油 | 返 | 表 | 発 | 登 | 庭 | 短 | 速 | 深 |
| 旅 | 有 | 勉 | 秒 | 反 | 等 | 笛 | 談 | 族 | 進 |
| 両 | 遊 | 放 | 病 | 坂 | 動 | 鉄 | 着 | 他 | 世 |
| 緑 | 予 | 味 | 品 | 板 | 童 | 転 | 注 | 打 | 整 |
| 礼 | 羊 | 命 | 負 | 皮 | 農 | 都 | 柱 | 対 | 昔 |
| 列 | 洋 | 面 | 部 | 悲 | 波 | 度 | 丁 | 待 | 全 |
| 練 | 葉 | 問 | 服 | 美 | 配 | 投 | 帳 | 代 | 相 |
| 路 | 陽 | 役 | 福 | 鼻 | 倍 | 豆 | 調 | 第 | 送 |
| 和 | 様 | 薬 | 物 | 筆 | 箱 | 島 | 追 | 題 | 想 |

# 学年そうふく習《しゅう》ドリルの答え

## 1 学年そうふく習ドリル① 106〜107ページ

1 ①てっきょう　②たいよう　③みじか　④じゅうしょ　⑤しんきゅう

2 ①そうだん　②よてい　③ひっきようぐ　④せいれつ　⑤じょうきゃく

3 ①商品　②事実　③湖　④皿　⑤平和　⑥世界

4 ①勝負　②野球　③箱　④全員　⑤集合　⑥練習

### おうちのかたへ

1 ① 「てっきょう」を「てつきょう」と間違えないようにしましょう。

3 ④ 「皿」を似た形の「血」と間違えないようにしましょう。

4 ② 「球」の字の「、」を忘れないようにしましょう。

## 2 学年そうふく習ドリル② 108〜109ページ

1 ①びょういん　②たいしかん　③けんきゅう　④しゅうぎょうしき　⑤ようす

2 ①きたい　②こうそくどうろ　③ひょうめん　④はんたいいけん　⑤そそ

3 ①味　②家族旅行　③洋服　④駅前　⑤二階　⑥横向

4 ①校庭　②寒　③植物　④写真　⑤神社　⑥温度

### おうちのかたへ

1 ⑤ 「様子」の「子」は「す」と読みます。

3 ② 「族」と「旅」は形が似ています。正しく書き分けましょう。

③ 「洋服」を「羊服」や「洋福」としないようにしましょう。

4 ① 「校庭」を「校定」としないようにしましょう。

⑥ 「温度」を「音度」としないようにしましょう。